Fritz Reuter

Meine Vaterstadt Stavenhagen

Fritz Reuter

Meine Vaterstadt Stavenhagen

Konrad Reich Verlag Rostock

Nachwort Cornelia Nenz

Schutzumschlag: Wolfgang Heincke
unter Verwendung einer Lithographie
„Stavenhagen“ von J. Gottheil
Herstellung: Clausen & Bosse, Leck
Printed in Germany
ISBN 3-86167-094-1

Es ist schwer, bei einer Erzählung den rein objektiven Standpunkt festzuhalten und in epischer Einfachheit und Unablässigkeit die Ereignisse wie Perlen an einer Schnur durch die Finger rollen zu lassen. Sind es aber nicht sowohl Ereignisse, sondern Darstellungen von Zuständen, die ein Schriftsteller seiner Jugendzeit oder gar seinen Kinderjahren entnimmt und zu schildern versucht, wo das Gemüt so viel mit dreinzureden hat, so ist es unmöglich.
Diese Bemerkung soll mich entschuldigen, wenn ich zuweilen mit meiner viereckigen Person in die Schilderung jener lieben und heitern Eindrücke störend hineinfahre wie Puck in den Sommernachtstraum, aber – wie Korporal Nym sagt – das ist der Humor davon. Dadurch, daß ich mich als Macher – Verzeihung für dies schöne Wort! – von Betrachtungen und Träger von Empfindungen hinstelle, bin ich imstande, Vergleichungen mit der *jetzigen* Zeit zu vermitteln, welche die *alte* erst recht zur Anschauung bringen dürften.
Schöne alte Zeit! Wie leicht war es, in dir zu schreiben! Wie leicht, das Interesse des Publikums zu fesseln! In jenen schönen Tagen, als ich den »Hamburger Korrespondenten« in Quarto von der Post holen mußte, als Professor Wehnert in Parchim sein sinniges Tee- und Kaffee-Blatt herausgab und »Tanten Hersen« dasselbe las, als große Leitartikel über das Teterower Storchennest geschrieben wurden und die Friedländer durch das Vermauern der Schallöcher für die Unterhaltung des Publikums sorgten, als Pa-

stor Reinhold und Hans Göden und der kleine Bahrdt schrieben und jede kleine Stadt vor dem Abendblatte zitterte wie vor einer Geißel, die unsichtbar und unabwendbar über ihrem Haupte geschwungen wurde, damals war's so schön leicht! In jenen schönen Tagen, als die Neuigkeiten sich bei uns noch, wie im Morgenlande, von Mund zu Mund verbreiteten, als einem Fremden in dem Wirtshause mit seinem Mantel auch die Neuigkeiten ausgezogen wurden und jeder Probenreiter von meiner lieben Vaterstadt als eine Gabe Gottes angesehen wurde, die dem publizistischen Standrechte verfallen war – damals hätte ich schreiben sollen! Leider war ich aber noch Lesens und Schreibens unkundig.

Schöne, alte Zeit! Der vorüberrauschende Flügelschlag der Jahre hat das anspruchslose Gewebe zerrissen, in das du dich so warm und weich eingesponnen hattest: die *Innigkeit* deiner Beziehungen hat der *Ausdehnung* derselben Platz machen müssen. Früher wußte ich genau, was Nachbar Schröder zu Mittag aß und nahm teil an seinem Mahle, wenn's mir schmeckte. Was kümmert mich jetzt Nachbar Schröder? Jetzt muß ich den Küchenzettel politischer Sudelköche lesen; aber ich bitte mich nicht bei ihnen zu Gaste.

In jenen Tagen hätte ich unbedingt das größte welthistorische Ereignis für die interessante Nachricht hingegeben, daß »Korl Knak« und »Hanne Snur« sich geprügelt hatten, und gewiß hätte ich Sebastopol und die ganze Mincio-Linie geopfert, um von »Hanne Slütern« zu erfahren, daß »Korl Knak den annern« – wie er bleichen Antlitzes versicherte –

»mit 't Metz grad' in 't Hart steken hadd«, wobei er auf einen Teil seiner Kleidung wies, in dem allerdings bei gewissen Leuten das Herz sitzen soll. – »Hanne Snur« sitzt jetzt in Paris und flickt vielleicht für die Muratisten mit mehr Geschick die Stiefel aus, als sie bei der Flickarbeit des italienischen beweisen, und »Korl Knak« büßt die Anfänge seiner lasterhaften Laufbahn in den Goldgruben Kaliforniens ab. Die neue Zeit in buntem Groschen-Kattun und abgelaufenen Gamaschen-Stiefeln, mit plattierter Brosche und zerrissenem Hemde, ist zugezogen und hat die alte mit ihrem eigengemachten Rocke und ihren warmen Holzpantoffeln abgelöst. An die alte denkt jetzt keiner mehr als der, dem sie, wie mir, einst liebliche Kindermärchen erzählte, schöner, weit schöner als alles, was der geistreiche französische Roman dir erzählen kann. Sie sitzt einsam und verlassen in dem bunten Getriebe der jetzigen Welt, und nur zuweilen in der Dämmerung, wenn draußen der Sturmwind heult und der Schnee in Schauern an die Fenster schlägt, wenn das Feuer im Ofen flackert und die Schatten wach werden und sich im lautlosen Spiele an den Wänden haschen und die Menschenseele den Mantel fester um sich zieht, sich zur Ruhe legt und müde auf ein weites durchwandertes Land zurückblickt – dann kriecht sie aus der dunklen Ofenecke und beugt sich über dein Antlitz und zieht den Mantel fester um dich, daß dir's warm werde im Herzen, und die Stimme, die dir einst Wiegenlieder sang, flüstert wieder leise in dein Ohr und erzählt dir Geschichten, bis die flackernden Flammen zur stillen Kohlenglut heruntergebrannt sind und die flüchtigen Schatten an den Wänden fest dich umstehen wie die Erinnerung an längst Dahingeschiedene. Ihre Geschichten sind ernst und heiter; aber bei den ernsten lacht man über die heutige Welt, und bei den heiteren trauert man über die vergangene. Ich will mir aber die alten lustigen Geschichten nicht durch die Trauer verderben lassen: ich will einen bunten Kranz winden von lustigen Blumen für die alte Zeit, und die Totenblumen, den Rosmarin und die Nachtviolen, die dazu gehören, will ich durch frisches Grün verdecken, daß keiner sie sieht. Hinein habe ich sie gewunden, und wer sie deutlicher sehen will, mag sie für sich weiter hervorziehen; mein Kranz aber soll in heitern Farben spielen, denn er ist für *meine* alte fröhliche Zeit.

Mehr als fünfundvierzig Jahre sind an den räucherigen Dächern meiner kleinen Vaterstadt hingerollt, seit ich die ersten deutlichen Eindrücke von der Erhabenheit seines Kirchturmes, der Großartigkeit seines Rathauses und der Majestät seines Amtsgebäudes, gewöhnlich »das Schloß« genannt, empfing. Drei neue Straßen haben seit jener Zeit die Gestalt der Stadt so verändert, daß ich mich mit Mühe darin zurecht finde, und ausnahmsweise kühne Männer haben den Schutz des zur Sommerzeit etwas übelriechenden Wallgrabens verschmäht und sich vor den Toren angesiedelt, jeder Gefahr keck die Stirn bietend, die innerhalb der Ringmauern der Stadt der Polizeidiener und die Nachtwächter zu verscheuchen verpflichtet sind.
Die Priesterkoppel, wo ich durch meinen Papierdra-

chen Korrespondenz mit den Wolken pflog, ist jetzt mit einem Häusermeer bedeckt; wo ich sonst in jugendlicher Lust dem Ballspiele oblag, werden jetzt Bälle gegeben; der alte trauliche, in süßer Heimlichkeit verschlossene Bullenwinkel hat seine geöffneten Räume den Strömen des Verkehrs übergeben müssen, und der alte Bauhof mit seiner schönen großen Mistpfütze, in die ich zum Schrecken meiner guten Mutter regelmäßig jeden Winter ein oder mehrere Male mit dem Eise einbrach, ist zum fashionablen Westende der Stadt geworden, und wo wir Knaben früher im idyllischen Spiel mit Kälbern, Lämmern und Füllen des alten Nahmacher umhersprangen, wird von den gebildeten Töchtern der *haute volée* jetzt Polka-Mazurka eingeübt. Die Straßen sind aufs beste gepflastert, und von den Toren der Stadt aus gehen direkte Chausseen nach Hamburg, Paris, Berlin und St. Petersburg. Der Segen Gottes hat sich in Gestalt des Volkes Gottes in reichlicher Fülle über der Stadt entladen, und der rege Wetteifer zwischen den Bekennern des alten und des neuen Testamentes hat einen Weltverkehr mit gebackenen Pflaumen, Lumpen und Kuhhörnern ins Leben gerufen, der meine teure Vaterstadt zu dem Emporium des östlichen mecklenburgischen *»Perdukten-Handels«* gemacht hat.

Es fehlt ihr nur, daß sie an der Ostsee belegen wäre, dann wäre sie eine Seestadt. Posten und Extra-Posten gehen unablässig, richtige Zeit haltend, hin und her durch die Straßen; Equipagen mit und ohne Kammerjungfern, Equipagen mit und ohne Bulldoggen und Tigerhunden, Equipagen, in denen Pferde und Rindvieh spazieren gefahren werden, halten vor einer Unzahl von Gasthöfen. Die vorzugsweise »Reisende« genannte Nation, mit dem herrschenden Stamm der Weinreisenden an der Spitze, ist völkerwandernd und völkerbeglückend über die Stadt ausgegossen und sucht die Segnungen einer im steten Steigen begriffenen Zivilisation über die inwohnenden Schuster und Schneider zu verbreiten. Diese selbst haben in aller Stille den jeden National-Ökonomen erschreckenden Beweis geliefert, daß trotz aller hemmenden Heimatsgesetze und Zuzugshinderungen eine Bevölkerung von 1200 Einwohnern in vierzig Jahren imstande ist, sich durch Kraft und Ausdauer auf 2500 zu bringen.

Wie ganz anders war es in meinen Kinderjahren! Ungefähr monatlich einmal zog kotbespritzt ein einsamer Probenreiter auf buglahmem Gaule in die Tore der Stadt ein und erkundigte sich im ergötzlichen ausländischen Dialekte bei einem Straßenjungen, etwa bei mir, nach dem einzigen Gasthofe des Städtchens. Unter uns Rangen entspann sich dann ein lebhafter Streit, wer den Fremden zu Tolls, später Schmidt, später Beutel, später Kämpfer, später Kossel, später Holz, jetzt Clasen, geleiten sollte, bis wir uns zuletzt denn darüber vereinigten, ihm sämtlich das Komitat zu geben, dem sich dann noch einige ältere Personen anschlossen und darüber debattierten, ob dies derselbe sei, der vor *einem* Jahre oder vor *drei* Jahren die Stadt beglückt habe. Kein Kellner empfing den Unglücklichen – dies Geschlecht war damals noch nicht geboren –, er war gezwungen, sein Rößlein selbst in den Stall zu führen; seiner selbst wartete in den Räumen des Hotels von allen Erquickungen, welche der Scharfsinn der Menschen seit dieser Zeit erfunden hat – nur holländischer Käse.

Posten kamen damals auch und zeichneten sich durch die Zufälligkeit ihrer Ankunft aus. Zur Herbst-, Frühjahrs- oder Winterzeit namentlich kam gewöhnlich der Postillon auf einem Vorderpferde vorausgesprengt und brachte die tröstliche Nachricht, die Post würde bald kommen, sie wäre schon beim Bremsenkrug; »awer dor is sei tau Senk drewen«, war dann der erfreuliche Nachsatz, welcher dann eine gründliche Nach- und Ausgrabung zur Folge hatte. Endlich kam dann ein hellblau angestrichener, durch Ketten und Eisenstangen aufs mannigfaltigste versicherter, mit acht Pferden bespannter offener Kartoffelkasten in die Stadt hineingerumpelt, auf dessen quer über die Leiterbäume gelegten Bänken eine Anzahl halb »verklamter« Unglücklicher, wie Schafe zur Schlachtbank, zum Posthause gefahren wurden, wo dann eine Sonderung zwischen den Schafen und den Böcken eintrat. Die Böcke blieben vor der Tür, die Schafe gingen ins Posthaus und wurden dort von dem Postschreiber, der in einer Art Vogelbauer saß, welches er sein Comptoir zu nennen beliebte, den gebräuchlichen Vexationen unterworfen, von denen die Böcke befreit blieben. Die Naivität, die sich in dieser Staatseinrichtung aussprach, ging so weit, daß, als der Postschreiber seine postalischen Bemerkungen irrtümlich auf einen vor der Tür stehenden Bock ausdehnen wollte, ihm derselbe trocken zur Antwort

gab: »Sei hewwen mi nix tau seggen, ick bün en Buck.«
Wo jetzt in starrer, trockner Regelmäßigkeit die Chausseen sich hinziehen und das Auge blenden und ermüden, wo lange Reihen langweilig kongruenter Pappeln den Wanderer gleichsam zum ewigen Spießrutenlaufen verdammen, wand sich damals der Weg in lieblich mäandrischer Krümmung durch pittoreske Alleen gekröpfter Weiden dahin und bot dem Auge in Gestalt von Pfützen und knietiefen Geleisen die Mannigfaltigkeit von Berg und Tal und See. Den etwa Strauchelnden nahm die liebende Mutter Erde in ihrem Schoße auf und entließ ihn nur mit einem Andenken an sich.
Leider war mit diesen malerischen Ergötzlichkeiten eine gewisse Unbequemlichkeit des Reisens verbunden, die uns während der Wintermonate außer Verkehr mit der Welt versetzte und nur entschiedenen Wagehälsen erlaubte, die heimatlichen Tore zu verlassen. Ich entsinne mich noch, daß ein Kaufmann unserer Stadt, der vielleicht überseeischen Handel betreiben mochte, sich bestimmt aber durch sehr gewagte Spekulationen in Feuerschwamm, Lorbeerblättern und Korinthen vor seinen Gewerbsgenossen auszeichnete, tags vor seiner Abreise nach Hamburg im blauen Leibrock mit blanken Knöpfen und wildledernen Handschuhen – das Glacé war noch nicht erfunden – in der Stadt Haus bei Haus auf Leben und Sterben Abschiedsvisiten machte; wie er nach der Kirche, in der er das heilige Abendmahl genommen, auch zu uns kam, allen die Hand reichte und in tiefer Rührung das Haus verließ. Ich sehe meine

Tante Christiane noch, wie sie ihm mit vorgerecktem Halse nachsah, bis die sturmbewegten Schöße seines neuen Leibrocks hinter der Apothekerecke verschwanden; ich höre sie noch in die Worte ausbrechen: »Ne! Wat is 't för ein Minsch!« Der Mann kam nicht wieder. Dunkle Gerüchte von »Zuschadenkommen« und »Halsbrechern« und dann wieder von einer verfehlten Lorbeerblätterspekulation und demnächstiger Abreise nach Batavia kamen uns freilich zu Ohren; Gewißheit ward uns aber nicht zuteil, und selbst den aufklärenden Talenten der Polizei ist es nie gelungen, das obwaltende Dunkel zu enthüllen.

Die mannigfachen Verkehrshinderungen, die aus dem Schlamme lehmiger Vizinalwege emporwuchsen, wurden von einer unverwöhnten Bevölkerung mit stoischem Gleichmute als unvermeidliche Erdenübel hingenommen, und nur dann, wenn die trocknenden Frühlingswinde und die warme Junisonne die Hauptschlachten gegen die Einflüsse des Winters geschlagen hatten, rüstete sich die Besatzung eines Chaisewagens, die den vielversprechenden und wohlklingenden Namen einer Wege-Besichtigungs-Kommission führte, als fliegendes Korps die Niederlage des nordischen Herrschers zu vervollständigen und seine Spur von der Erde zu vertilgen. So ein Sommerfeldzug hatte seine behaglichen Seiten: das Terrain war bekannt, die Etappenörter nicht zu weit belegen, das Land mit allem reichlich versehen, und klüglich wußte man es so einzurichten, daß man zum Frühstück bei Pächter X. eintraf, dessen Frau als Verfasserin der besten Schinken bekannt war, zum

Mittag beim Pächter Y., der schon vorläufig den Tod eines fetten Kalbes annonciert hatte, und zu Abend beim Gutsbesitzer Z., der noch neulich durch die Größe seiner Karauschen eine Wette gewonnen hatte. Die Geschäfte der Kommission waren angenehmer Natur: man sah von der Höhe des Chaisewagens auf die verharschten Wunden der Wege hinab. Man freute sich darüber, daß nun alles wieder so schön in Ordnung sei, und stieß man einmal zufällig auf eine auffallend tiefe Narbe, so überließ man sich dem wohltuenden Gefühle, welches wir empfinden, wenn es draußen stürmt und regnet und wir behaglich am warmen Ofen sitzen: man freute sich, daß man nicht selbst während des Winters in diesem schrecklichen Loche sitzen geblieben sei, und verordnete Schönpflästerchen für die widerwärtige Narbe, deren Applizierung in Gestalt von Wegebesserungen den einzelnen Gutsinhabern zur Pflicht gemacht wurde.
Dadurch kam denn nun eine neue Not über unsere kleine Welt. Zehn bis zwölf Tagelöhner wurden zu einer Zeit, in der sonst nichts Nützliches, etwa des vielen Regens wegen, getan werden konnte, unter Anleitung eines Wirtschafters, der noch sehr in den Anfangsgründen des Nivellierungs-Systems steckte, längs des Weges in die Gräben gestellt und angewiesen, Kot, Schlamm und Rasen *ja mitten* in den unseligen Weg zu werfen. In die vorzugsweise halsbrechenden Stellen wurden abgesammelte Feldsteine und Bauschutt gestürzt, und »Knüppeldämme« wurden angelegt: Besserungsanstalten für sonst unverbesserliche Idealisten, nutzanwendungsreiche Predigten über die Hinfälligkeit der menschlichen Natur

und Kasteiungen des Fleisches, die in tiefgehender Wirkung alles übertrafen, was *La Trappe* jemals ersonnen hat. Ein *gebesserter* Weg war der Schrecken der Umgegend, und ich entsinne mich noch, wie ein wohlmeinender Pächter einmal zu meinem Vater sagte: »Führen S' den annern Weg! Jo nich desen, desen hewwen wi betert.«
Aber diese gebesserten Wege brauchte die Kommission zu ihrem Glücke nicht auszuprobieren; sie machte ihre Rundreise beim schönsten Wetter und den trockensten Wegen *vor* der Besserung, und trat dann einmal zufällig während ihrer Exkursionen Regenwetter ein, machte sie die Fenster ihrer Glaskutsche dicht zu und überließ »Jochen« den Regen und die Wegeinspektion. »Jochen, wo is 't hir mit den Weg?« – »Slicht, Herr.« – »Jochen, hir is de Weg woll sihr schön?« – »Ja, Herr, hir is hei sihr schön; ick führ hir äwer ok up den Dreisch.«
Aber was hat denn der Zustand der Wege mit deiner Vaterstadt zu tun? Viel, lieber Leser, viel! Um in die Umgegend zu kommen, müssen wir uns der Diskretion dieser Wege anvertrauen, und daß selbige mich langsam expedieren, ist nicht meine Schuld.

Da ist der Eulenberg! Von seinem weitragenden Gipfel wollen wir die Gegend überschauen, wie sie einstens war und die Welt des Kindes bildete, das von hier aus seine neugierigen Blicke über die enge Feldmark bis an den dunklen Waldkranz sandte, der, einem geheimnisvollen Schleier gleich, der Sehnsucht die Wunder der Ferne verhüllte und wie dunkle Fransen die bunte, blumengestickte Decke um-

gab, die sich zu seinen Füßen über den allernährenden Tisch der Erde breitete.
Die Fransen sind verschlissen, der Schleier ist gelichtet, das Bedürfnis hat die Axt des Holzschlägers in die Wälder gesandt: der Zahn der Zeit hat in die grüne Decke der Wiesen abscheuliche Löcher gefressen, die man Torfgruben nennt, und wo sonst die glänzende Kuhblume, das bescheidene Marienblümchen und das sinnige Vergißmeinnicht blühten, stehen jetzt schwarze Torfhaufen aneinandergereiht wie Särge auf einem Kirchhofe und rufen uns auch ein »Vergißmeinnicht!« zu, aber ein anderes als das blauäugige Blümchen.
Alles ist verändert! Wo ist der Bach geblieben, der zur Frühjahrszeit als Wasserfall am Fuße des Eulenbergs mich entzückte? Wo ist der Berg selbst geblieben? Die schöne Warte meiner Kindheitsträume ist vom Angesichte der Erde verschwunden, man hat sie abgetragen und zum allgemeinen Nutzen verwendet, als Kies über die Chausseen, damit sie mit Füßen getreten, als Mörtel zum Häuserbau, damit sie menschlichem Elend näher verleimt und verkleistert werde, und was von ihr übrig ist, hat sich Großherzogliches Amt zu besonderen Zwecken reserviert.
Ich werde mit Großherzoglichem Domanial-Amte keinen weitläufigen Prozeß um das Mein und Dein führen – aber der Eulenberg gehörte einst *mir*, war einst meine unbestrittene Domäne. Hier hatte keiner sonst etwas zu sagen als ich und meine Genossen, von hier aus übersah ich meine übrigen Liegenschaften: die Priesterkoppel, die jetzt von Häusern und

Kirchhöfen usurpiert ist; die Pribbenower Tannen, die mir durch die nebenbuhlerischen Anstrengungen der Forstbehörden und Holzdiebe rein unter den Händen verschwunden sind; den Schloßgarten mit seinen Kastaniengängen und seinen lockenden Obstbäumen, der mir jetzt unerbittlich verschlossen ist; und in der Ferne das Liebste, was ich auf Erden kannte – vielleicht weil's eben auch das Fernste war –, den Tiergarten zu Ivenack mit seinen stattlichen Hirschen, seinen tausendjährigen Eichen und einem Baumwuchs, wie er in Deutschland nicht ein zweites Mal gefunden werden dürfte. Diese Eichen waren die stolzen Grenzwächter meiner Besitzungen, bis hierher ging mein Reich und zugleich meine Geographie, was darüber hinaus lag, war unbekanntes Land.
Zuweilen wurde von mir und Karl Nahmacher heimlich eine *steeple chase* nach diesem Grenzposten unternommen, den wir dann hin und zurück auf selbstentdeckten Richtwegen über Gräben und Moore in anderthalb Stunden zurücklegten. Gewöhnlich hatte aber einer von uns Ursache, das Licht der Welt zu scheuen, wenigstens das Auge der Mutter. Warum waren denn auch die Gräben so breit und die Moore so naß? Wenn dann der letzte Zaun um den großen Nahmacher'schen Garten überklettert war, wurde eine Okular-Inspektion über Stiefel und Beinkleider gehalten, die dann gewöhnlich eine gründliche Wäsche im nahen Rohrteiche zur Folge hatte, und diese veranlaßte uns dann wieder, hohe, der Sonne und dem Luftzuge ausgesetzte Punkte aufzusuchen, etwa die Wipfel der stattlichen Obstbäume, wo wir auf

überaus gescheute, hier nicht weiter zu beschreibende Weise das Nützliche mit dem Angenehmen zu verbinden bestrebt waren. Endlich, endlich rückten wir dann zögernden Schrittes in den Alt-Bauhof ein, die Pachtung des alten Herrn Nahmacher, eine mecklenburgische Idylle, die, in sich selbst abgeschlossen und zufrieden, vergeblich von dem Lärm des hart an ihr liegenden städtischen Marktplatzes im Kuhmelken und Schafscheren gestört wurde. Hier wurden wir dann gewöhnlich von irgendeiner Autorität mit der impertinenten Frage empfangen: »Wo sid Ji west?« Die sinnreichsten Ausflüchte und Entschuldigungen, die wir ausgeheckt hatten, zerstoben wie Nebel vor der Sonne der Madame Nahmacher'schen Augen; sie nahm ihren eigenen Ausreißer beim Kragen, und ich wurde mit der Weisung entlassen: »Du gah man nah Hus: din Botting is di all smert; sei hewwen Di allentwegen all söcht.« Ach, wie langsam wurde dann mein Schritt, wenn ich um die Ecke des Hauses ging! Ach, wie vorbedeutungsvoll klangen mir, wenn ich zögernd, hart an den Wänden des Hauses entlang, unter dem Fenster der Nahmacher'schen Kinderstube vorüberschlich, die Töne meines armen treuen Gefährten, die er unter dem unerbittlichen mütterlichen Pantoffel entwikkelte. Freilich Pantoffeln gab's in unserm Hause nicht; aber es gab dort ein kleines, unscheinbares Instrument, welches auf dem Pfeifenstande meines Vaters für gewöhnlich bescheiden hinter den Pfeifen sich verbarg, bei besonderen Gelegenheiten aber meiner Meinung nach sich unnötigerweise abscheulich sichtbar machte und die hassenswerte Gestalt eines rock- und buckelausklopfenden Rohrstöckchens annahm. Entging ich auch durch kluge Wendungen der väterlichen Charybdis, so verfiel ich doch unrettbar dem Strafgericht meiner Mutter als Scylla: ich mußte meine schöne griechische peripatetische Philosophie mit der stabilen Grausamkeit der indischen vertauschen und als büßender Fakir eine Stunde in der Ecke stehen.

Dies alles hat nun freilich eigentlich nichts mit der Schilderung meiner Vaterstadt zu tun, wie ich leider gestehen muß. Ich habe aber doch den Leser auf diese Weise unmerklich von unserm Ausfluge in die Umgegend in die Stadt, und zwar auf den Marktplatz, zurückgeführt und bitte nur, mir nicht in mein Vaterhaus zu folgen; ich will das »Eckenstehen« schon allein besorgen und liebe überhaupt keine Zuschauer bei dergleichen häuslichen Szenen. Man muß, wie Napoleon zu sagen pflegte, seine schmutzige Wäsche für sich allein zu Hause waschen; übrigens wird es auch nicht zu lange währen, ich hoffe, eine halbe Stunde »geschenkt« zu erhalten.
So! Da bin ich wieder und zeige euch nun den Marktplatz: ein großes, fast regelmäßiges Viereck, welches von der Hauptpulsader der Stadt, der Brandenburg-Malchiner Straße diagonalisiert wird. Drei Seiten des Platzes waren von Häusern, die vierte von der Gartenmauer des Herrn Nahmacher und dem Lusthause desselben gebildet.
Weshalb dies Haus ein Lusthaus hieß, habe ich nie in Erfahrung bringen können, ich habe nie irgend etwas, das an Lust erinnerte, darin gesehen, der Platz

dazu war auch nicht besonders gewählt: zu seiner Rechten floß ein übelriechender Graben, und vor seinen Fenstern stand der »Kaak« oder Pranger.

Für uns Kinder stellte die Sache sich anders. Der Graben, das Lusthaus, der Kaak und ein Pfahl, an welchem nur noch schwach eine Bettelei-Verwarnung zu lesen war, das Tor zum Schloß, das Tor zum Alt-Bauhof, der Rathaushof, das alles bildete die Zitadelle unserer Lust, der sich der Marktplatz, der Kirchhof, der Schloßplatz mit dem Schloßgarten, der Alt-Bauhof mit den dazu gehörigen Scheuern und Stallungen, die Mistpfütze nicht zu vergessen, als Außenwerke anschlossen. Der Graben, der in seine Vaterarme die sämtlichen Rinnsteine des Marktplatzes aufnahm und mir die Gelegenheit bot, die Wasserdichtigkeit und Watweite jedes neuen Paar Stiefel auszuprobieren, an welchem ich, von einem Biber-Instinkt für Stauen und Dämme geleitet, die Anfangsgründe der Hydrostatik studierte, ist zugedämmt. Der Pranger mit seinen zierlichen Kettengirlanden und seinem Halseisenschmuck, der schöne Kaak ist niedergerissen als beklagenswertes Opfer einer Gesetzgebung, die es vorzieht, lieber an den Buckel der ihr Verfallenen als an das Ehrgefühl derselben zu appellieren. »Sehn Sie hier!« sagte mein Freund Moses Joel, »einen Obelisken in Form eines Kaaks.« Daher weiß ich nur, daß er ein Obelisk war.

Er war der Dreh- und Angelpunkt aller unserer Spiele, vorzüglich derer, die über die Idylle des »Kükewihspiels«, des »Vogel flieg' aus« usw. hinausgingen und einen dramatischen Charakter annahmen. Vorzüglich war er unentbehrlich, wenn wir »Fahn-

schmidt« und »Luth« spielten. Fahnschmidt war der Rinaldo Rinaldini des Städtchens, der sich einen bedeutenden Ruf in der Umgegend durch Hammel- und Gänsediebstähle gemacht hatte; ja, man ging so weit, in den vertrauten Kreisen mit Augenwinken und Aufdenfußtreten zu behaupten, er habe einmal einen natürlichen Reisekoffer von einer vornehmen Kutsche abgeschnitten. Luth war der Stadtdiener, ein überaus brauchbarer, tätiger und ehrenhafter Mann, an welchem wir Kinder mit großer Liebe hingen – und doch wollte jeder von uns immer Fahnschmidt sein, keiner Luth. Wie man sich in späteren Jahren zu der Ordensauszeichnung drängt, so drängten wir uns zu der Ehre, an dem Pranger zu stehen, und zu meiner Beschämung muß ich gestehen, daß ich es vorzugsweise in der Virtuosität der Prangersteherei gebracht hatte.
Das Lusthaus und die Gartenmauer sind von einem großen Handelshause verdrängt, und wo einst die Bettelei-Verwarnung stand, schauet Kollege Risch wohlhäbig vom zierlichen, gußeisernen Balkon herab. Vor den Schloßgarten ist ein Schloß gelegt, und ein neuer Stadtteil hat sich auf dem Alt-Bauhofe etabliert.
Ein paar Schritte rechts um die Ecke des Rathauses führen uns plötzlich in die Romantik des Städtchens. Ein mit Kastanien bepflanzter Weg zieht sich den Hügel hinan, auf welchem das jetzige Amtsgebäude, ein früheres herzogliches Jagdschloß, von einem schönen Garten rings umgeben, liegt. Deutlich sind die Spuren von Wall und Graben, von alten Befestigungen, noch in dem Wechsel von Hügel und Wiesen

im Garten zu erkennen und bezeugen die Wahrheit der Überlieferung, daß hier einmal eine alte Ritterburg gestanden und den Kern zur späteren Bildung der Stadt abgegeben habe.
»Vater« – mein Vater war zu ernst, als daß er uns Kindern erlaubt hätte, ihn »Papa« oder, wie's jetzt in der Überfülle elterlicher Zärtlichkeit Mode zu werden scheint, »Papaken« zu nennen – »Vater«, fragte ich, »ist das Schloß wirklich einmal eine Ritterburg gewesen?« Wobei ich mir denn etwas unbestimmt Nebelhaftes, Kolossales, Schreckliches, an Fahnschmidt und Genossen Erinnerndes dachte. Mein Vater sagte mir dann, es sei dies möglich, ja wahrscheinlich. »Möglich« und »wahrscheinlich« sind aber Wörter, die in der Seele des Kindes keinen Widerhall finden, das Kind will Gewißheit; das Konkrete ist die nährende Speise seines Geistes, das Ungewisse, Mögliche, Wahrscheinliche ist für dasselbe nicht assimilierbar; es verdaut alles, auch das märchenhaft Unwahrscheinliche, wenn es ihm nur in der Gestalt einer bestimmten Realität geboten wird.
Bei solchen Verdauungsbeschwerden wandte ich mich dann an meinen alten, guten Onkel Herse: »Unkel, sünd hier würklich Ritters west?« Ritter kannte ich schon, ich hatte deren auf den schönen Bilderbogen des Kaufmanns Grischow gesehen. – »Dumme Jung«, sagte mein Onkel Herse, »kannst dat nich seihn? Süh, dat 's de Wall, de geiht rings herüm. Un dor, wo Stathöller Möller nu dat Heugras meiht, dat 's de Grawen. Un hier, wo wi nu stahn, up den ollen Amtshauptmann sinen Meßhof, dor was de Toggbrügg un dor bi'n Swinkaben, dor was dat

Fallgatter, *herse* up französisch, wo ik minen Namen von heff. Un dor äwer de Mur, dor keeken de Borgfrölens un Rittermamsells räwer un winkten mit de Snuwdäuker, wenn de Herrn Ritters up Row utgungen. Un hier, wo wi stahn, dor reden s' rut, de Haufisen ümmer verkihrt unner de Mähren. Un wo nu Mamsell Westfalen ehr Appel hett, dor was 't Borgverlies, und dor wiren Poggen und Qualduxen und allerlei Düwelstüg, wat 't nu gor nich mihr giwwt. Un dor achter, bi de gräune Purt, dor gung de unnerirdsche Gang dörch nah Ivenack hen, war dunn en Nonnenkloster was, un de Ritters un de Nonnen, de kemen denn ümmer tausam un hadden velen Kommers mitenanner, un dat möt ik weiten, denn ik bün in Ivenack buren un tagen.«
Das war doch etwas. Das war alles so bestimmt und positiv ausgesprochen, daß ein Zweifel daran nicht möglich war. Hier war für das Kind ein hinlänglicher und zugänglicher Stoff, um der still arbeitenden Phantasie Nahrung zu geben und der Umgebung des Schlosses, die an sich schon reizend genug war, den Zauber des Geheimnisvollen hinzuzufügen.
Der alte Amtshauptmann Weber und seine Frau, die das weitläufige Gebäude in stiller Einsamkeit mit einer alten Wirtschaftsmamsell bewohnten, erhielten in meinen Augen eine Glorie von Heldenmut, wenn ich bedachte, daß diese Leute sich ohne Furcht einer stillen, zufriedenen Häuslichkeit an Orten hingaben, wo doch jedenfalls einst das Gewalttätige, Schreckliche und Grauenerweckende gehaust hatte. Und die alte Mamsell Westfalen, wenn sie heiteren Angesichtes mit der Lampe in das apfelbewahrende Burgver-

lies hinunterstieg, kam mir an Todesverachtung nicht geringer vor als eine zweite Jungfrau von Orleans. Zu diesen, in ihren Ausgangspunkten doch am Ende der Wirklichkeit angehörenden Vorstellungen traten durch die Erzählungen unseres Stubenmädchens und unserer Knechte noch die schemenhaften Gebilde der Gespensterwelt. Die beliebten Gestalten von Leuten, die es der Bequemlichkeit wegen vorziehen, den Kopf unter dem Arme zu tragen, der schwarze Pudel, der mit feurigen Augen den Eingang zum unterirdischen Gange bewacht, klagende Stimmen in nächtlicher Stille, die weißen, händeringenden Frauen angehören sollten, Lichter, die plötzlich das ganze Schloß erleuchteten und ebenso plötzlich verschwanden, mischten sich mit den abenteuerlichen Vorstellungen, die ich mir, wie schon erwähnt, nach Bilderbogen und einzelnen Erscheinungen der Wirklichkeit gebildet hatte. Ein reicher Fund für meine romantisch-antiquarischen Forschungen wurde eine Darstellung des Ritters Toggenburg und der geliebten Nonne mit der Unterschrift:

Und so saß er viele Tage,
Saß viel' Jahre lang,
Harrend ohne Schmerz und Klage,
Bis das Fenster klang,
Bis die Liebliche sich zeigte . . .

Da saß nun ein wirklicher Ritter, und was für einer! Und doch waren seine Glieder nicht in Panzer von Erz und Eisen gehüllt, die ich mir bisher ebenso unzertrennlich von den Rittern gedacht hatte wie die Schale von den Krebsen. Groß und stark war er;

aber er trug eine Art Schlafrock, mit einem Gürtel zusammengebunden, und schauete hinüber nach einem geöffneten Fenster, an welchem sich ein bescheidenes Gesicht zeigte, welches neugierig hinaussah, wie ich das häufig bei Friederike Wienken, unserer Stubenzofe, bemerkt hatte, wenn sie im zweiten Stock die Zimmer fegte und forschend auf die Straße hinabsah.

Diesen Bilderbogen kolorierte ich mir bestens und hatte das Glück oder Unglück, wie man will, das Gesicht des Toggenburgers etwas sehr hochrot darzustellen. Dadurch, und daß ich ihm einen sehr schönen hellblauen Schlafrock malte, erhielt das Bild in meinen Augen eine unverkennbare Ähnlichkeit mit meinem Onkel Herse, der, groß und stark und blühenden Antlitzes, auch meines Wissens der einzige Mann in der Stadt war, der in seinen Mußestunden einen Schlafrock, und zwar einen hellblauen, trug. Mein Onkel Herse wurde auf diese Weise mir zum Vorbilde eines Ritters, in welchen Vorstellungen ich noch durch die Erscheinung des *Ritter*gutsbesitzers Guschen Klahn bestärkt wurde, der auch sehr dick, groß und hochroten Antlitzes war. Das Handpferd meines Vaters, der alte Hans, der sich durch sehr dicke Mähnen und langen Schweif auszeichnete, ward zum ritterlichen Roß, und nachdem ich meinen Onkel Herse auf den alten Hans gesetzt hatte, hing ich ihm einen Gendarmerie-Säbel an gelbem Bandelier über den hellblauen Schlafrock, gab ihm eine Landwehrpike als Lanze in die Hand und ließ ihn lustig in die Welt auf Abenteuer hinaustraben.

Mit den Nonnen erging es mir ähnlich. Die erste

Vorstellung von dergleichen Personen ward mir durch die gewöhnliche, landläufige Fibel beigebracht, in welcher unter dem Buchstaben »N« eine Nonne und ein Nagelbohrer abgebildet waren, mit der bekannten Unterschrift:

Die Nonn' im Kloster muß tun Buß;
Ein'n Nagelbohr man haben muß.

Ich kann gar nicht beschreiben, wie mitleidig ich das arme unglückliche Geschöpf betrachtete, das in einem abscheulichen braunen Gewande, auf welchem große Flicken sichtbar waren, mit todblassem Gesichte vor einem Totenkopf kniete und mit demselben liebäugelte. Des Toggenburgers Nonne, die eine gewisse Ähnlichkeit mit Friederike Wienken hatte, sah schon ganz anders aus. Und als mir darauf die Priorin des Ribnitzer Nonnenklosters, die beim alten Amtshauptmann Weber zum verwandtschaftlichen Besuche war, als etwas Besonderes gezeigt wurde und Onkel Herse mir auf meine Fragen erklärte, »son'n Priorin« sei nichts anders, als »de Öbberst von de Nonnen«, etwa eine Art Nonnenoberst, da wurden meine frühesten Vorstellungen radikal über den Haufen geworfen. Aus dem braunen, geflickten Gewande wurde ein schönes, schwarzseidenes Kleid, aus dem bleichen Leidensgesichte ein altes, freundlich blickendes, mildes Matronenantlitz, aus der hagern Gestalt eine wohlhäbige Fülle, und nie habe ich bemerkt, daß die gute Dame Liebschaften mit Totenköpfen gepflogen hätte.

Ich muß den Leser nun wieder aus den duftenden Fluren ritterlicher Romantik auf das holperige Straßenpflaster der Stadt zurückführen, um ihm die Straßen der Stadt zu zeigen. Es sind deren nicht viele, und der Gang ist bald gemacht. Wir gehen durch die »Kantergaß«, und ich zeige ihm den Platz um die Kirche, der in meinen Kinderjahren noch als Begräbnisplatz benutzt wurde. Ich weiß die Stelle noch, wo ein jüngerer Bruder von mir begraben liegt, ein Fußsteig läuft quer über den Raum, wo einst sein kleiner Grabhügel sich erhob. Ich sehe noch die geöffnete Grube, in die man abseits die irdischen Überreste des alten Amtsschließers Ferge versenkte. Kein Nachbar, kein Freund folgte dem rohgezimmerten Sarge des Verstorbenen, und nur die dürftig in Schwarz gekleidete Gestalt seiner einzigen Tochter gab ihm das letzte Geleit. Er war unehrlich durch sein Amt, er mußte in der entferntesten, unreinlichsten Ecke an der Kirche bestattet werden. Ich hatte so oft mit dem alten, kahlköpfigen kleinen Manne verkehrt; die wichtigtuerische Manier, mit der er die kleinsten Ereignisse in ausländischem Dialekt vortrug, und das Ansehen, welches er sich gab, wenn er von sich als Beamten sprach, hatten mich oft zum Lachen gebracht, und oft hatte ich in unsern kindlichen Spielen sein Amt und seine Person dargestellt, und nun war dieser interessante Mann unehrlich, seine frühere Stellung in der Welt war so verachtet, daß man ihr noch nach dem Tode des Bekleidenden das Brandmal aufdrücken und seiner einzigen Tochter den Schimpf fühlbar machen mußte. Auch so ein Ausfluß vielgepriesener Romantik, die mir unver-

ständlich sein mußte wie die Ritter- und Nonnenbeziehungen.
Es ist überhaupt wunderbar, wie schroff die Kinderjahre den Mannesjahren gegenüberstehen, wie wenig Verständnis das Kind für Angelegenheiten des reiferen Alters hat, und umgekehrt, wie sehr die reiferen Jahre es verlernen, einen richtigen Blick in die Welt des Kindes zu tun. Ich würde diese scheinbar triviale Bemerkung gewiß nicht gemacht haben, wenn ich nicht häufig bemerkt hätte, daß sehr ernsthafte Leute das Recht zu haben glauben, über die gewöhnlichen Vorstellungen und Ansichten der Kinder zu lachen, ohne daran zu denken, daß die kleinen zukünftigen Weltbürger in vollem Maße Repressalien gebrauchen würden, wenn die Ausbrüche ihrer gerechten Heiterkeit nicht durch elterliche Zucht im Zaume gehalten würden.
Vor allem sind es die herkömmlichen Formen und freimaurerischen Zeichen einer konventionellen Gesellschaft, die dem gesunden Kinderverstand unverständlich und lächerlich erscheinen. Wie mancher derbe Knabe, der von der Natur die Anwartschaft auf ein tüchtig lebendig Wirken als Wiegengabe mit auf die Reise durch das Leben erhielt, ist an bloßen konventionellen Höflichkeitsformeln zugrunde gegangen! Wie manchem frommen Gemüte ist in der öden Leere einer kindischen Gebetplapperei jener albernen Komplimente, die blasierte Eltern durch die Unschuld des Kindes an den lieben Herrgott höflichst bestellen lassen, jeder Ruf von oben verhallt, der die Welt durchhallen sollte für und für! Das Kind, unbekannt mit dem Ernst des Lebens, wird in

seiner natürlichen Schwäche nicht als Eiferer gegen die Mißbräuche einer vielleicht wohlgemeinten Unvernunft in die Schranken treten; es setzt sich heiter in den Winkel mit seinen kleinen Spielkameraden und spielt: »Frau Geheimrätin und Herr Baron« und läßt seine Puppe Gebete sprechen und begräbt den alten ehrlosen Schließer Ferge mit allen kirchlichen Ehren und vollem Geläut, und wenn ihr aufmerksam auf das kindliche Spiel seht, so werdet ihr nie eine lieblichere, unschuldigere, von jedem Hasse fernere Satire, von jeder Lüge freiere Ironie auf die bestehenden Zustände gesehen haben als den duftigen, in unmittelbarer Berührung mit dem Himmel stehenden Humor eines solchen Kinderspiels.

Ach! auch in mein enges Leben ragten jene Zöpfe der Gesellschaft hinein und, aufrichtig gesagt, ich war zu wenig unter elterlicher Zucht, als daß mir ihr Auf- und Niederwackeln nicht den köstlichsten Spaß gemacht hätte. Mit tiefer Beschämung muß ich eingestehen, daß ich, als Tante Christiane mich mit einem Kragen und gebürstetem Haar in einen Damenzirkel führte, um der Frau von X., die ich früher als Stubenmädchen gekannt hatte, und die durch *subsequens matrimonium* zu einer Frau von X geworden war, meine Aufwartung zu machen, in ein herzliches Gelächter ausbrach und in kindlicher Unschuld ausrief: »Dürten, hett din Mutter dat oll lütt grisbunt Farken noch?«

Freilich – ich gestehe auch dies mit Beschämung ein – scheine ich überhaupt wenig Sinn für die Formen etiketteuser Höflichkeit von der Natur auf den Weg erhalten zu haben. Deswegen bleibt doch meine obige Behauptung nicht minder wahr: Kinder verstehen sich auf die hergebrachte Höflichkeit schlecht – denn als meine älteste Schwester, ein Kind von acht Jahren, der man die bescheidene Höflichkeitsregel eingebleuet hatte, sich immer zuletzt zu nennen, einmal auf den Flur geschickt wurde, um nachzusehen, wer dort draußen sei, kam sie mit der Antwort zurück: »Da ist keiner als Pollo und Rollo und ich!« Pollo und Rollo waren aber die Hunde von Onkel Herse.

Alter Ferge! Keiner unter den Lebenden erinnert sich deiner vielleicht so lebhaft als ich; selbst deine in Schmutz und Unflat umgekommene Tochter nicht. Dein Begräbnis in dem Winkel an der Kirche und die besonderen Umstände dabei haben mich von der Beschreibung der Kirche abgebracht, trotzdem dies doch die Hauptsache bei der Schilderung einer Stadt ist.

Ich komme aus der Beschämung gar nicht heraus, ich muß jetzt wieder ein für mich höchst betrübendes Bekenntnis ablegen: ich habe in meiner Jugend sehr schwache Studien über den Tempel- und Kirchenbau gemacht. Sollte der geneigte Leser etwas über die zweckmäßige Anlage ökonomischer, hydraulischer, ja sogar fortifikatorischer Bauten vernehmen wollen, so wäre ich der rechte Mann. Aber alle die eigenen Anschauungen, die über mich *selbst* in den alten Domen des Mittelalters – jenen steinernen, zum Himmel strebenden Gedichten einer frommen Zeit – gekommen sind, alle jene Beschreibungen unsterblicher Reste der Baukunst aus Rom, Hellas und Ägypten, die mir aus Reisewerken zu-

gänglich geworden sind, passen auf die Kirche meines Geburtsstädtchens gar nicht. Das einzige, was ich darüber etwa sagen könnte, ist einem negativen Grunde entnommen: der Umstand, daß ich noch nie eine im byzantinischen Stile aufgeführte Kirche gesehen habe, läßt mich vermuten, daß in diesem Bauwerke etwas Byzantinisches stecke, und wenn es wahr ist, was neulich ein tiefer Kenner alter Baulichkeiten behauptete, daß der Saal meines Freundes Peters in seiner Balkenlage etwas Byzantinisches habe, dann wird meine schüchtern ausgesprochene Vermutung fast zur Gewißheit. Der Turm ist entschieden Rokoko. Über das Alter der Kirche – und das ist für den Kenner bei der Beurteilung der Bauart fast immer der letzte und wichtigste Entscheidungsgrund gewesen – bin ich glücklicherweise imstande, genau berichten zu können. Überlieferungen noch lebender Personen, sicherer aber noch der Wetterhahn der Kirche selbst, setzen das Jahr der Erbauung auf 1790 fest.
Soll ich den Leser nun weiter durch die Straßen führen, so würde er gerade nichts Besonderes sehen. Ihm würde nur Gelegenheit geboten, die Genauigkeit zu bewundern, mit welcher sein Cicerone ihm von jedem Hause und seinem Inhaber Rede und Antwort stehen könnte. Nur die Vergleichung des Damals und des Jetzt könnte für einen Fortschrittsenthusiasten von Interesse sein. Freilich stehen Weber Schultens Haus und Weber Schmidts Haus noch immer wie vor vierzig Jahren und machen sich dieselben freundnachbarlichen gegenseitigen Verbeugungen, als wären sie durch plötzlichen Zauber-

spruch beim Höflichkeits-Austausch für ewige Zeiten festgebannt; freilich steht noch immer das Häuschen des alten Handschuhmachers da wie das Sommerpalais eines Samojeden; das sind aber nur Ausnahmen. Viele neue Emporkömmlinge von Häusern sehen mit ihren stolzen Dächern voll Verachtung auf die zurückgebliebenen Generationen herab; die meisten der alten haben, um mit der Jugend Schritt halten zu können, sich versohlen lassen, und fast alle haben sich in neue Gewänder geworfen und prangen in Blau und Rot und Gelb und Grün, ja sogar in solchen Farben, die's eigentlich gar nicht gibt. Die Luken des zweiten Stockes haben Wohnlichkeit verheißenden Fenstern Platz machen müssen, und wo früher ein durch Düngerhaufen verziertes Pflaster hals- und beingefährlich unter stagnierenden Gewässern sich peinlich hinwand und krümmte, geht man jetzt trocknen Fußes und kann von der Straße ohne Putz- und Kratz-Anstalten in die gefeiertsten Salons der städtischen Aristokratie treten.
Wir müßten uns jetzt wohl billig einmal zu den Bewohnern des Städtchens wenden, um zu erfahren, wie man damals dachte und lebte, was man wußte, was man erstrebte; wir müssen dann auf den Zustand von Handel und Gewerbe, auf den der Wissenschaft und Kunst und endlich auf die *crème* alles dieses, auf die *Gesellschaft* übergehen.
Zwölfhundert Personen, Männer, Weiber und Kinder, trieben damals ungefähr eben dasselbe wie jetzt die fünfundzwanzighundert. Die Männer bestellten und düngten ihren Acker selbst, flickten ihren Nachbarn die Schuhe und die Hosen, wußten zu Hause

ganz genau, wie dem Gemeinwesen gründlich abzuhelfen sei, und taten auf dem Rathause das Maul nicht auf, und wenn sie's taten, so wünschten sie doch, es nicht getan zu haben. Die Weiber kamen zusammen und klagten über die Schlechtigkeit der Dienstboten, über die Verschwendung der Männer, nahmen die Fehler ihrer Nebenmenschen unter die Lupe ihrer eigenen Vollkommenheit und strickten Strümpfe in wünschenswertester Anzahl. Wir Kinder – ich rede hier von Männlein und Fräulein – waren göttlich vergnügt, liefen die Stiefel ab, zerrissen die Hosen, balgten uns, vertrugen uns wieder, spielten Ball, Kreller, Knull und dachten gar nicht daran, daß wir auch einmal Strümpfe stricken und auf dem Rathause das Maul halten sollten. Es war gerade so wie jetzt, nur mit weniger Hastigkeit. »Vadder«, sagte man damals bei einer gewagten Kartoffelspekulation, »willst du? Verbrenn di irst de Näs', ick kam nahsten.« Das tägliche Brot wurde mit unendlicher Ruhe und ebensolcher Gewissenhaftigkeit erworben. Wer einmal ein Kunde von einem Gewerbetreibenden geworden war, blieb sein Kunde sein Leben lang. Wehe dem, der hier eine Änderung hätte treffen wollen. Das Herkommen herrschte, das Gewohnheitsrecht; ich hätte den sehen wollen, der dem Klempnermeister Belitz es hätte begreiflich machen wollen, daß er eigentlich ein Dieb sei, wenn er wöchentlich zweimal im Winter, im Sommer einmal, in der großherzoglichen Forst junge Buchen abhieb. Der Mann hatte das von Jugend auf getan, er war deshalb in gutem Glauben.

Damals wickelte sich der Verdienst still und stetig an

dem Gewerbe ab wie die Schnur an einer gut aufgezogenen Schwarzwälder Uhr. Wenn ich jetzt gewahre, zu welchen Abenteuerlichkeiten sich sonst passabel vernünftige Personen aus Drang und Not zum Verdienst versteigen, so weiß ich nicht, soll ich sie oder die Zeit mehr beklagen, in welcher solche Erscheinungen auftreten.

Da stehe ich neulich und rüste mich zum Ausgehen, als mein Schneider, ein alter, braver, von Hunger durchwühlter Mensch, in mein Zimmer tritt und mir mit tiefbewegter Stimme seine bittere Not klagt. »Glöwen Sei mi die tau«, sagt er, »mit de Snideri verdein ick nich dat Solt up 't Brot. Ja, wenn ick de Utlagen hadd, denn wüßt ick woll, wat ick ded'« – »Na«, fragte ich, der ich während des Anziehens in die Schlafkammer getreten war, »wat deden Sei denn?« – »Denn makt ick Win«, war die Antwort. – »Wat makten Sei?« fragte ich, in der Meinung, ich hätte mich verhört. – »Win!« war wiederum die ruhige Antwort. – Eine schreckliche Angst ergriff mich; konnte der arme Teufel vor Not nicht verrückt geworden sein? Ich stürze in mein Arbeitszimmer, starre den ruhig dastehenden Mann an und frage erschrocken: »Meister, wat wull'n Sei maken?« – »Win! Seihn S', Herr, dor nehm ick drei nige glasürte Pött un twei Pund schöne grote Rosinen ahn Stengel un söß Pegel gauden Rum, un dat lat ick säben Dag' up minen Aben stahn, un denn geit ick 't af un Water tau, un denn heff ick söß schöne Buddel Mallega.« – »Meister, ick bidd Sei, wer sall den Win denn drinken?« – »Ih, Herr, dor finn'n sick ümmer weck tau.«

Hier muß ich nun freilich eingestehen, daß sich auch schon in meiner Jugend einzelne in chemischen Mischungen erfahrene Personen auf die Bereitung des Malaga verstanden; man nahm damals zwei Eßlöffel voll Sirup, drei Schnäpse Rum und ein Achtel »franschen« Wein, rührte dies wohl durcheinander und verkaufte diese Mischung auf Jahrmärkten an die Bauern unter dem Namen »Mulderjahn«, was im Plattdeutschen etwa Malaga bedeuten, ihn wenigstens vertreten soll. Aber man gab diese Mixtur nicht für echt aus; die Welt wußte, was sie davon zu halten hatte. Ist die Abenteuerlichkeit und das Raffinement, mit welchem man jetzt Geld zu verdienen sucht, groß, so ist die Schnelligkeit, mit der man es verdient, gegen früher gehalten, wirklich zauberähnlich. – Da sitze ich neulich bei einer alten Freundin, die einen blühenden Bierschank hat, und trinke mein Seidel. Meine Freundin ist durchaus nicht feuchter, lymphatischer Natur, sondern hat ein mehr merkurialisches Temperament – ich will nur wünschen, daß dies Buch ihr nicht in die Hände kommt –, und deshalb mußte ich mich wundern, sie gegen ihre sonstige redselige Weise still in einer Ecke sitzen zu sehen. Mit einem Male springt sie auf, schlägt jubelnd in die Hände und ruft: »All wedder hunnert Daler verdeint!« – »Freundin!« sag' ich, »teure Freundin, das geht ja rasch!« – »Ja, seihn S', min Reknung is so: bug ick de Ölmähl, denn kost't mi dat so un so vel, un inbringen deit sei mi so un so vel; bug' ick sei nich, denn spor ick hunnert Daler. Also! Hunnert Daler verdeint! Blot dörch 't Reken; denn ick ward' kein Narr sin un ne Ölmähl bugen.«

Die in den geographischen Lehrbüchern gewöhnlich stehende Rubrik: »Fabriken« müssen wir überschlagen, wir müßten denn die ausgedehnte Leinweberei dazu rechnen, die in der sogenannten »Gatz« betrieben wurde. Vom Morgen bis zum Abend klappte hier in jedem Hause die Lade, sauste das Weberschifflein, und die bleichen Sklaven dieses seitdem immer mehr mit dem Fluche beladenen Gewerbes machten es mir möglich, mir später eine Vorstellung von der Größe des Elends in Fabrikstädten und Fabrikdistrikten zu bilden.
Die Gewerbe beschäftigten sich nur mit dem gewöhnlichen täglichen Verbrauche, und die von diesem vorzugsweise in Anspruch genommenen der Fleischer und Bäcker florierten am meisten. Unter ihnen gab ich entschieden dem Bäcker den Vorzug, und der alte, wohlbeleibte Bäcker Witt mit seinem hintenübergekämmten, von einem Messingkamm festgehaltenen Haare erschien mir, wenn er unter den mannigfachen, duftenden Gebilden seiner Tätigkeit, unter Kringeln, Zwieback, Herrenbrot, Kümmelbrot und Kaffeekuchen saß, als ein König des guten Geschmacks. Vor allem waren es die beiden zuletzt genannten Produkte, die er in unübertroffener Vollkommenheit lieferte, und täglich wurden in unserem Hause seine Verdienste um diese beiden Artikel anerkannt, indem mein Vater sich entschieden für die Vortrefflichkeit der Kümmelbrote, meine Mutter für die des Kaffeekuchens erklärte, welcher Erklärung ich mich gerne praktisch anzuschließen pflegte und dieselbe durch Vertilgung eines zugemessenen Anteils beglaubigte.

In der Richtung des Geschmacks wie in der der Politik hängen wir mehr von äußern Umständen ab, als wir glauben. Ich, der warme Anhänger des Witt'schen Semmelschranks, wäre vielleicht zum verräterischen, tückischen Überläufer und Apostaten geworden, wäre ein unbesonnener Mensch auf den Einfall geraten, in meiner Vaterstadt einen Konditorladen zu errichten. Gott sei Dank! – ich stoße diesen Dankseufzer in Anbetracht meiner guten Gesundheit aus – Gott sei Dank! es etablierte sich kein solcher Venusberg für die Kinder, und ich wandelte nicht als ein jugendlicher Tannhäuser bezaubert darin herum. Die ersten Begriffe von Bonbons erhielt ich ziemlich spät durch eine großmütterliche Weihnachtssendung, und ich erinnere mich noch sehr genau, daß es ernste Kämpfe mit meinem Vater setzte, als mir von meiner Tante Christiane ein Marzipanherz überantwortet wurde. Zuweilen kamen wirklich solche Geschenke ans Haus, und unter diesen Lichtpunkten der Kinderjahre erinnere ich mich noch ganz genau eines schönen Morgens, an welchem eine blaubeklebte Pappschachtel geöffnet wurde, die mit Gelegenheit aus Dömitz von meiner Tante angekommen war – man denke: sechzehn mecklenburgische Meilen mit Gelegenheit –, und eine Abschrift des »Kaisers und Abtes« von Bürger, in ihrem größeren Raume aber Zuckerkringel von dem größten Backkünstler in Dömitz, vom Bäckermeister Best, enthielt. »Der Kaiser und der Abt« war bei dem schrecklichen Gelegenheitstransport heil geblieben, die Zuckerkringel waren alle glücklicherweise zerbrochen; ich sage: glücklicherweise; denn wären dieselben in unverletzter Weise angekommen, so würde einem jeden von uns zur Verhütung von Magenbeschwerden *ein* Zuckerkringel in die Hand gedrückt worden sein, und damit basta! So aber konnten uns die Bruchstücke nicht nachgerechnet werden, und wir bekamen reichlich zwei. Nur an Jahrmärkten zogen Bonbon-Könige und Kuchen-Prinzessinnen in die väterlichen Tore, wohlgekannt von uns. – »Korl Nahmaker, kik, dat is de, dei ümmer an de Aptheikereck steiht!« – »Kik, dor kümmt de, dei vergangen Harwstmark den groten Honnigkauken hadd, so grot as en Growwbrot!« – »Süh, dor is Christlieb ut Bramborg!« Das war das glänzendste Meteor, das an meinem Kinderhimmel in leuchtender Pracht aufgestiegen war; Konditor Christlieb in Brandenburg hat jahrelang meine Phantasie mit Honigkuchen und gebrannten Mandeln gefüttert, und wenn jemals ein tiefaufregender Wunsch in meinem Herzen geherrscht hat, so war es der: gleich dem Konditor Christlieb tagelang hinter so einem reizbeladenen Tische zu stehen und den großen Baumkuchen zu bewachen, der als Tafelstück die Mitte zierte.

Mein Vater predigte stets gegen Kuchen und Süßigkeiten, als der Gesundheit nachteilig; ich muß aber gestehen, daß diese Predigten endlich anfingen, mir höchst unbegründet zu erscheinen, denn wenn ich meinen Freund Christlieb in seiner majestätischen Fülle, mit rosenroten Wangen, von allem Schönen umgeben sah, nach dem er nur die Hand auszustrekken brauchte, so wäre es vergebens gewesen, mir begreiflich zu machen, daß diese ausnehmende Gesundheit von etwas anderm als Honigkuchen und

Baumkuchen herrühren sollte und unmöglich ein Beefsteak- und Kartoffel-Produkt sein konnte.
Ich habe den Konditor Christlieb meinen Freund genannt: er war dies in der verwegensten Bedeutung des Worts, wenn eine einseitige Freundschaft gedacht werden kann. Ich liebte, achtete und schätzte ihn mit seinen mannigfachen Liebenswürdigkeiten, ob er aber diese innigen Gefühle erwiderte, ob er ein so tiefes Interesse für mich hegte wie ich für ihn, muß ich leider sehr bezweifeln, und einer der schmerzlichsten Vorgänge meiner Kinderjahre gibt mir fast die Gewißheit, daß er meine innige Verehrung nie richtig gewürdigt hat und mich in die vulgäre Klasse der schlechten Kunden setzte. Man urteile selbst über meinen Schmerz.
Mir war an einem Jahrmarktmorgen unter einer ganzen Flut von Verwarnungen, sparsam zu sein und das Meinige in acht zu nehmen, unter schrecklichen Drohungen, was alles für Unheil auf mein Haupt herabströmen würde, wenn ich mich in Kuchen überäße, von meiner Tante Christiane ein Schilling aus der Milchkasse überantwortet worden. Diesen Reichtum in der Hand, die Hand wiederum in der Tasche – so hatte Tante es angeordnet – gehe ich auf allerlei Jahrmarktsentdeckungen aus. Das unbeschreibliche Gefühl von Wohlhabenheit, die Macht des Reichtums ward mir klar, als mir Nachbar und Bäcker Berg seinen sirupverschmierten Lockstuten anpries; ich brauchte bloß zuzulangen, der Lockstuten war mein; aber die Verwarnungen meiner Tante waren noch zu lebendig in mir, als daß ich schon an unserer Haustür derselben hätte uneingedenk sein

können. Ich ging weiter, eine gewisse Verachtung gegen die plebejischen Lockstuten im Herzen; von ferne leuchtete mir die braun angestrichene Bude meines Freundes Christlieb entgegen, und die süßen Zauber darinnen wirkten mit magnetischer Kraft auf die Richtung meiner Schritte. Da stand ich vor der Bude, da stand Christlieb, da stand sein Baumkuchen! Weg waren die Warnungen, selbst die Drohungen meiner Tante! Kühne Gedanken, meinen Schilling in Baumkuchen anzulegen, traten in meine Seele, und die Hand aus der Tasche ziehend, legte ich, über meine eigene Keckheit erschreckend, den Schilling auf den Tisch, und mit der leeren Hand auf den Baumkuchen zeigend, sagte ich verlegen: »Für einen Schilling von das!« – »Mein Sohn«, war die verachtungsvolle Antwort, »for einen Schilling wird von das gar nicht verkauft!« Ich kann nicht beschreiben, wie beschämt ich meinen Schilling einsteckte, wie herben Schmerz mir die rauhen Worte meines so sehr geschätzten Freundes in der Seele weckten. Dem höchsten Erdengenuß hatte ich nachgerungen, der Becher war mir von der Lippe gerissen; eine tiefe Verzweiflung erfaßte mich und stürzte mich von dem sonnenbestrahlten, leuchtenden Gipfel irdischer Wünsche in die Jämmerlichkeit der niedrigen Lockstuten-Region: ich kaufte Bäcker Bergs Lockstuten, der Sirup um den Mund verriet mich, und die Drohungen meiner Tante verwirklichten sich in der Erteilung eines sogenannten »Denkzettels«.

Es sind seitdem viele Jahre vergangen, mein Freund Christlieb ist von der Erde geschieden, ohne die tiefe Leidenschaft, die ich für ihn hegte, kennenzulernen,

manchen Baumkuchen habe ich verzehren helfen, und derselbe ist mir so gleichgültig geworden wie die Jahrmärkte selbst, aber die Erinnerung an beide hat bittere Zeiten versüßen helfen und umspielt das zum Hafen steuernde Schifflein meines Lebens wie sonnen- und lustbeleuchtetes Wellengewimmel.
Der Leser hat vielleicht gar nicht gemerkt, wie ich ihn vom Bäcker Witt'schen Semmelgewerbe mit losem, schmeichelndem Zügel auf den Schauplatz des vorzüglichsten Handelsverkehrs meines Vaterstädtchens, auf die Jahrmärkte, geführt habe. Wenn ich nun ferner dieser Richtung menschlicher Tätigkeit folge und in dem vielfach verschlungenen Irrgarten des Handels meiner Vaterstadt mich ergehe, so muß ich bekennen, daß mir derselbe nicht in dem Maße zugenommen zu haben scheint, wie man es der Zunahme des Gewerbes nach hätte erwarten sollen. Es ist dies wahrscheinlich ein Irrtum, der teils seinen Grund in meiner schrecklichen Unkenntnis von Handels- und Geldgeschäften überhaupt hat, weil ich niemals mit den ersteren, die *Leute* niemals mit mir in den letzteren zu tun haben wollten; teils rührt es vielleicht von der größeren Heimlichkeit her, mit der jetzt Geschäfte dieser Art abgemacht werden.
Ich kann hier unmöglich auf die einzelnen Artikel eingehen, die gekauft und verkauft wurden und werden; ich muß mich natürlich bloß an die Anzahl der Kaufleute halten, und da kann ich denn berichten, daß ich an die sieben Handelsherren namhaft machen könnte, von denen ich zu verschiedenen Zeiten verschiedene Materialwaren habe holen müssen, christliche Menschen, bis auf zwei, die alttestamen-

tarisch waren, und die auch der Humanität dadurch Rechnung trugen, daß sie mir zuweilen Rosinen und Mandeln zugaben. Diese braven, mir unvergeßlichen Leute wurden vorzugsweise Kaufleute genannt; alle andern, dic in Schnittwaren Geschäfte machten, nannte man »Juden«, von welchem Sprachgebrauche ich mich noch kürzlich durch Anhören eines Bauern-Gesprächs überzeugt habe. – »Brauder«, sagte Bauer Zander aus Gülzow zu Bauer Zahrendt aus Ritzerow, »wo hest du di dat Hosentüg köfft?« – »Oh, bi Jud' Weidemannen«, war die Antwort – Weidemann ist aber meines Wissens ein untadeliger Christ, bloß etwas unvorsichtig, weil er als der erste es gewagt hat, der ganzen Judenschaft in Schnittwaren Konkurrenz zu machen.
Es ist unglaublich, was in früherer Zeit für Gingham, Bombasin, Sammetmanchester und Kattun verbraucht sein muß, denn in Stavenhagen ernährten sich von dem Betrieb dieser Artikel allein mindestens 27 Judenfamilien, die tägliche Packenträgermissionen in alle umliegenden Dörfer entsandten. Jeder hatte seinen engumschriebenen Bezirk, in welchem die Bauer- und Tagelöhner-Weiber ihm für rotbunte Tücher ihre Flachsknocken, gebackene Pflaumen und wer weiß was sonst noch opferten. Heimann Kaspar ging »en beten nah Ivenack«, Mortje nach Jürgensdorf und Kittendorf, und bloß junge, wagende Anfänger schweiften über die vorgeschriebenen Jagdgebiete hinaus, endeten aber meistens mit Ruin.
In dem alten, abgeschafften Hausierhandel liegt ein heimlicher Reiz, den alle Romanschreiber von Wal-

ter Scott und Cooper bis herab auf unsere Räuber-Romantiker in Szene zu setzen versucht haben, und das weise Landesgesetz, welches ihm ein Ende machte, hat mit ihm ein gut Stück Handels-Poesie begraben, von welchem Artikel überhaupt nicht viel vorrätig ist.

Unsere Nachkommen werden nimmer die fröhliche Aufregung begreifen, die zur Winterszeit bei verschneieten Wegen durch das einsame Haus auf dem Lande ging: »Vatting, Mutting, dor kümmt Mortje« oder »Moses Joel« oder »Kack-Meyer!« – Und: »Dirns, kamt doch, Moses is up de Del. – Jochen, du säd'st doch von Krallen.«

Und wie er nun eintritt, der Inhaber aller Herrlichkeiten, und den Schnee von den Füßen trampst und dabei den gebeugten Rücken noch tiefer neigt vor der Hausfrau und beim Auspacken ihr seine Scheren und Nadeln, seinen Zwirn und seine Seide empfiehlt, wie er vor den Augen des Hausvaters die vergoldete Uhrkette spielen läßt und die winterfrischen Backen der Kinder streichelt, die scheu vor ihm und seinem grauen Barte zurückweichen, bis Neugierde und Begehrlichkeit die Furcht überwinden und sie dreister werden und immer dreister – ja zu dreist; denn der Schlingel, der »Körling«, langt schon nach dem Hampelmann: »den will ick hewwen!« Aber Mutting schlägt ihn auf die begehrlichen Hände: »Willst du woll! – Nix anfaten!« – »Lassen Sie doch«, sagt Moses, »solche gebildete Kinder können allens anfassen.« Doch Mutting leidet's nicht, kauft aber indessen für den Schlingel den Hampelmann und für Riking ein kleines Nähkissen und für sich

Schere und Nadeln und Zwirn und Seide und treibt die Kinder vor sich her und verläßt mit ihnen den Flur. »Nee, nee! Wider will ick nix; ick bruk nix wider!« – Und Vatting bezahlt und nimmt wieder die Uhrkette zur Hand, und der Jude zeigt ihm, wie sie fest gemacht wird, und als die Uhr daran hängt, ist sie ja schon halb sein eigen; er steckt die Uhr in die Tasche und besieht sich die Kette von oben – wahrhaftig! beinah grade solche, als Herr von Zabel trägt – und er fängt gründlich zu handeln an und legt noch ein hübsches seidenes Halstuch beiseite für Mutting, halb aus Liebe, halb aus Vorsicht wegen der etwaigen Vorwürfe über den teuren Kettenkauf. Kleine Kinder und große Kinder! 's ist alles eins und dasselbe! Bloß die kleinen sind aufrichtiger in der Äußerung ihrer Wünsche, und die großen vorsichtiger in den Mitteln zu ihrer Erreichung. Aber das weiß der Jude ebenso gut wie ich: er schlägt den doppelten Preis vor, denn er ist auch ein vorsichtig Kind, und nun beginnt ein Handel mit Forderung und Angebot, und wieder mit neuer Forderung und neuem Angebot und mit Ablassen und Zulegen, als ging's um Landgüter; doch endlich schlägt Moses zu – mit Schaden, bloß zwei Drittel über dem Einkaufspreis. – Und Vatting geht hinein zu Mutting und übergibt ihr das seidene Tuch, und Mutting merkt die Absicht, wird aber *nicht* verstimmt, sondern lacht ihm freundlich zu, als sie sein beginnendes Embonpoint mit Kette und Petschaft verziert sieht, und Vatting lacht auch: »Den heww ick schön anführt!« – »Körling, du haddst em nich so knipen süllt«, sagt Mutting mitleidig, und Vatting, im Gefühl, unrecht getan

zu haben, geht an die Tür: »Moses, Sei eten hüt Middag mit uns.« – »Ja, äwerst . . .« sagt Moses. – »Ick weit Bescheid«, sagt Vatting, »min Fru sall Eier för Sei kaken.« Alle sitzen nun vergnügt in dem Zimmer und sind zufrieden, wenigstens für den Augenblick; Riking spielt mit dem Nadelkissen, Mutting bindet das neue Tuch um, »lütt Körling« spielt mit dem Hampelmann, »grot Körling« mit der Uhrkette. – Kleine und große Kinder! Beide geboren von der gemeinsamen Mutter Begehrlichkeit!
Aber draußen auf dem Flur gruppiert sich ein anderes Bild. »Fieken« ist vom Boden gekommen, und »Dürten« aus der Küche, und »Korlin« aus dem Keller, und sie stehen, solange ihre »Herrn« im Handel sind, zusammen in der Ecke und recken den Hals aus und wiegen den Kopf hin und her wie die Gänse, wenn sie etwas Neues in ihrem Troge finden, und sie lachen und kichern und stoßen einander an, und ein halblautes »Ah!« und »Oh!« und ein leises Schnalzen mit der Zunge drücken Bewunderung und Begehren aus, wenn der Jude im Strahle der Wintersonne ein buntes Band oder ein Halsband von Glaskorallen funkeln läßt. Die Augen werden größer und leuchtender, und die Wangen glühn; die blauroten Frostbacken sind verschwunden, denn der Wunsch hat bei ihnen wacker eingeheizt und treibt das heiße Blut durch die Adern.
Da tritt auch Jochen hinein, in langem Kittel, mit riesigen Fausthandschuhen; er hat draußen den verwachsenen Knorrn, den er mit Axt und Keil bearbeitet hat, mit den Worten: »Ih, ligg du taum Deuwel!« beiseite geworfen und schiebt nun Fiek und Dürt

und Korlin weiter vor, um in die hinterste Ecke hinein zu gelangen; sein Gesicht glüht nicht vor Aufregung, er sieht kalt aus, denn er rechnet. In einer schwachen Stunde hat er seinem Fieken eine Schnur »Krallen« versprochen, nun muß er Wort halten: halb hinter den Schrank versteckt, holt er einen kleinen ledernen Geldbeutel hervor, der, größerer Sicherheit wegen, mit einem Riemen ins Knopfloch gebunden ist. Er weiß bis auf den Pfennig, wie viel darin ist, aber bevor sie auf immer von ihm Abschied nehmen, will er seine Groschen doch noch einmal Stück für Stück durch den Lederbeutel hindurch fühlen, dies wehmütige Vergnügen will er sich gönnen.

Nun sind die »Herrn« fort und Moses wendet sich an die Mädchen: »Man neger, min Dechting! Man ümmer neger! Din Geld is ok keen Bli. Wat seggst Du hier tau?« Und gelb und rot läßt er ein Tuch vor den Augen der Mägde tanzen. – Dürt, die Köchin, ist die älteste, sie hat schon viele gelb-rote Tücher gekauft, sie kennt's; entschlossen tritt sie näher: »Wat gelt de Dauk?« – »Sößteihn Gröschen.« – »Lat di nich utlachen, Jud'!« Sie wirft das Tuch gleichgültig beiseite; man sieht, sie kennt's. – Korlin, die junge Außenmagd, greift darnach, sie will den genauesten Preis wissen. – »Min Dechting, wil du 't bist, sallst du em hewwen för virteihn Gröschen un en Kuß.« – Korlin wirft das Tuch hin und springt voll Abscheu zurück. – »Jochen, du säd'st doch . . .«, sagt Fieken im Hintergrunde. – »Ja«, sagt Jochen äußerst ruhig, »seggt heww ick dat, Fieken.« – »Acht Gröschen will ick di gewen, Jud', wenn hei echt is«, sagt Dürt und langt wieder nach dem Tuche. – »Wo haißt? Acht Gröschen? – Gott, du gerechter! Meinst du, ick finn de Wor in Stemhagen up de Strat? – Echt? Kik hier!« er spuckt auf den Zipfel des Tuches und reibt ihn. »Kik hier! Echt as de Sünn!«

»Jochen, willst du denn nicht?« sagt Fieken und verstärkt die Frage durch einen gelinden Stoß in die Rippen ihres Anbeters. – »Worüm nicht?« fragt Jochen zurück. »Ick heww't jo seggt, Fieken.« Langsam tritt er näher, und halb verlegen, halb maulfaul sagt er bloß die beiden Worte: »Krallen, Jud'!« und Fieken setzt rasch hinzu: »Von de besten.« – Dürt läßt wieder das Tuch fallen und sieht Jochen starr an. Jochen ist ein altes Hausinventar und hat fünf Jahre mit Dürt zusammen gedient; aber nie hat sie bei ihm eine Neigung zur Verschwendung oder zum Verschenken oder gar zum Verheiraten bemerkt, obgleich sie ihm zur Äußerung der letzteren vielfache Gelegenheit geboten hat. »Krallen!« ruft sie höhnisch aus. »Worüm nich gor en Sangbauk mit en Herz?« – »Kümmt ok noch«, sagt Jochen ruhig. – »Huch! – Huching!« kreischt Korlin auf und tanzt lachend auf dem Flur herum. »Huching, uns' Jochen will frigen.« – »Dirn, wo du di hest!« sagt Fieken ärgerlich. – »Krallen, Jud'«, sagt Jochen ruhig.

Moses hat mit einem Blick das obwaltende Verhältnis durchschaut; wenn er's klug benutzt, kann's ihm was eintragen. – »Du sallst Krallen hewwen, min Sähn, so scheen as sei sick passen för de scheenste Brut. Kik, hier sünd echte Glaskrallen und echte Bernsteinkrallen, un dit sünd Parl, un hir is en Krüz, und hir is en Herz, wat möt warden anhängt, dat dat

wonah kleden deit. – Paß Achtung!« und damit schlingt er die Schnur Fieken um den Hals. »Gott, du lebendiger! Wo scheen! Wo ward sei sick presentieren an ehren Ihrendag!«
Jochen denkt dasselbe, sein altes, ehrliches Herz schlägt rascher; in seiner Jugend ist der blinde Gott stets an ihm vorübergegangen, nun hat er ihn in reifen Jahren getroffen, und sein Herz glüht wie schwer entzündliche Steinkohle in doppelter Glut. – Der kleine Lederbeutel wird losgeknöpft: »Wat gellen die Krallen?« – »Unner Bräuder!« sagt Moses, »du sallst se hewwen för 'n preußschen Daler.« – Jochen holt das Geld hervor, er dingt gar nicht. Das hält Dürt nicht länger aus, sie legt die Hand auf das Geld: »Dat's ne Sünn! En Daler för de Krallen!« – »Lat dat Geld liggen, Dürt«, sagt Jochen. – »Ja«, sagt Dürt giftig und tritt von dem Tisch zurück, »wenn so 'n ollen Kirl verleiwt ward, denn ward hei ok verrückt.« – »Min Sähn«, sagt Moses, »beholl din Geld, du kannst 't bruken; du möst noch mihr hewwen, wi reken nahsten tausam. Sei möt hewwen en witten Snuwdauk un en bunten Ümschlageldauk un en hogen Kamm un noch dit un dat; du möst hewwen Tüg tau 'n nigen Rock, du möst hewwen Tüg tau ne Hos', du möst hewwen – hest du ne Klock? – du möst hewwen ne Klock, un du möst noch hewwen dit un dat.«
Aber Jochen will nicht borgen, er will seinen neuen Hausstand auf festem Grunde aufbauen, er ist nicht umsonst so alt geworden; durch den alten verrauchten Schornstein der Überlegung ist ein Teil seiner Glut entwichen. Er ist in seinen Pferdestall gegangen, sitzt dort vor seiner geöffneten Lade, zählt seine

langjährigen Ersparnisse und rechnet wieder wie vor dem Ausbruche seiner Liebesglut. Fieken steht im besten Zimmer vor dem größten Spiegel des Hauses, hält sich die Bernsteinperlen an den Hals und dreht sich und den Hals und sagt: »Un Jochen is doch en ollen gauden Kirl, un de Krallen sünd schön, un nu lat de annern man kamen.«
Dürt wirft das endlich erstandene Tuch in die Lade und sagt: »De dumme Dirn un de olle verdrögte Kirl! Blot üm ehr tau argern, heww ick doch den Dauk köfft, so'n hett s' nich.« – Korlin steht in ihrer Kammer und hält ein grün und rotes Band an ihre weiche Wange und sagt: »Un ob 't mi nich lett! Dit 's för Fieken ehr Hochtid, un wer weit! – Ut *ein* Hochtid warden männigmal twei.«
Hoffnung und Haß und Liebe, Leichtsinn und Überlegenheit – der Roman mit seiner Poesie ist in die Alltäglichkeit des kleinen Hauses eingekehrt, und wer hat ihn ins Leben gerufen? Wer ist der Träger seiner Poesie? – Dort hinten stampft er durch den tiefen Schnee der weißen Heide, und sein Rücken beugt sich unter der Last der poetischen Empfindungen, die sich an den bunten Inhalt seines Packens knüpfen.
Das ist jetzt vorbei, rein vorbei! Die Poesie wird nicht mehr über Land getragen und stück- und ellenweise verkauft, ihre Träger sind ausgestorben, und in meiner Vaterstadt hat der letzte sein Geschäft und sich selbst an den Nagel gehängt.

Was ist uns auf dem Felde des Handels noch geblieben? – Die drei Jahrmärkte. – Aber auch sie, die einst in Freude und in Lust aufjauchzten, sehen jetzt aus wie alte, hinfällige, verkommene Leute, die ihr Geld in der Jugend verjubelt haben und nun durch die Gassen der Stadt schleichen, um von alten Freunden ein dürftiges Almosen zu erpressen von wegen der frühern guten Bekanntschaft. Das Herbstmarkt nimmt zuweilen noch einen rascheren Schritt an und putzt den alten Leichnam mit verblichenem Staat auf; aber seine vornehmen Freunde kennen es nicht mehr; Gutsbesitzer, Pächter und andere Honoratioren fahren in Kutschen an dem alten, lustigen Bruder ihrer fröhlichen Jugendzeit vorüber, und nur der Tagelöhner teilt noch ab und an seine mühsam erworbenen Ersparnisse mit ihm.

Auch das war anders. Ein Jahrmarktstag war ein großes Fest, und unbedingt hätte ich mich für Hanne Schlüters Ansicht erklärt, der, bei der Konfirmation nach den drei christlichen Hauptfesten gefragt, die Antwort gab: »Wihnachten, Pingsten un Harwstmark.«

Wie Schwalben, die den Sommer ankündigen, zogen am Abend vor dem Pferdemarkte zwei Gendarmen in die Tore ein und stellten sich bei der Polizei zur Disposition; ihnen folgte in anspruchslosem Gefieder die Zahl der Singvögel, als da sind: Drehorgelmänner und Harfenmädchen, die den Nachtigallen gleich vorzugsweise am Abend ihre Ankunft mit Gesang verkündeten; und auf diese folgte dann das schnatternde, krächzende, vom ewigen »Gott schtraf mi!« heisere Geschlecht von Pferdejuden, neugierig und schwätzend wie Elstern und unverschämt wie schlecht abgerichtete Papageien, ihren unverständ-

lich herausgeschnarreten Jargon für die Sprache vernünftiger Geschöpfe ausgebend. Nach allen Seiten hin wurde nun die Hauptfrage der nächsten Zukunft erörtert, was es morgen für Wetter geben könne und würde.
Wenn endlich der nächste Morgen die Entscheidung brachte und dieselbe günstig lautete, so begann auf dem Markte ein von Stunde zu Stunde zunehmendes Gewimmel von Menschen und Vieh aller Art. Bauern aus der Umgegend, Inspektoren und Wirtschafter, Ackerbürger, Pferdejuden, Schacherjuden, Kuchenweiber, Orgeldreher, Bücklingsspekulanten und Semmelhöker wirbelten unter den Pferden, Ochsen und Kühen bunt durcheinander. Peitschenknallen, Pferdegewieher, Kuhgebrüll mischte sich mit Tönen der Drehorgeln und den Liedern von Harfennachtigallen, und dann die Düfte! Man erzählt, daß die duftendsten Parfüms jetzt aus dem Inhalte der Düngergrube und der Kloaken gewonnen werden – es komme dabei nur auf die richtige Mischung der einzelnen Ingredienzen an: wir in Stavenhagen haben auf unsern Pferde- und Jahrmärkten nie das Glück gehabt, diese richtige Mischung zu treffen, es herrschte stets auf denselben ein gewisser Knoblauchgeruch vor, der selbst Hering, Bückling und alten Käse siegreich niederkämpfte.
Was nun das Drama eines solchen Pferdemarktes selbst betrifft, so war es geistreich in der Erfindung, die man im gewöhnlichen Leben Lüge zu nennen pflegt, und steigerte sich meistens zu dem heroischen Affekte des falschen Schwörens; der künstlich geschürzte Knoten des Stücks wurde häufig in männer-

erprobendem Zweikampf gelöset, aber nur selten triumphierte am Schlusse des letzten Akts die poetische Gerechtigkeit, es sei denn, daß die Obrigkeit sich dreinmischte, wo wir denn freilich wohl die Gerechtigkeit gelten lassen, die Poesie jedoch entschieden ausschließen müssen. Die Fabel des Stücks war uralt, immer ein und dieselbe: der Betrüger als der Betrogene; sie wurde nur auf die mannigfachste Weise variiert und mit neuen Titeln versehen, bald lautete er »Kabale und Liebe«, in welcher Gestalt denn der Kabale eine unverhältnismäßig umfangreiche Rolle zugewiesen wurde und die Liebe nur in dem bescheidenen Gewande der Liebe zu dem Geldbeutel anderer auftrat; bald lautete er umgekehrt: »der Onkel als Neffe«, in welchem dann ein alter zwölfjähriger Wallachonkel mit frisch aufmalocherten Zähnen und ausrepariertem Schweif, speckschwartengeschminkt für den vierjährigen Neffen ausgegeben ward. Dies Stück wurde meistens zum Benefiz der Juden gegeben, und Bauern bildeten das dankbare Publikum. Wenn dann die Nacht den Vorhang fallen ließ und die Marktbühne leer geworden war, wurde noch hinter den Kulissen *gespielt.*
Im Hotel Witt und Wagenknecht fanden sich die *homines minorum gentium* zusammen, opferten arglos auf dem Altare talentvoller Judenjünglinge, die mit aufgekrämpten Rockärmeln das einträgliche »Töpkenspiel« exerzierten und für ein billiges jeden Neophyten in die Geheimnisse von »Kopp un Schrift« einführten. Jene sinnigen, in ihrer Einfachheit nie übertroffenen Stücke: »Dreikart und Fünfkart« regten die Seelen der Akteurs zu lebhafter Teilnahme

an, und die von dem liebenswürdig dirigierenden Judenjünglinge reichlich umhergereichte Flasche entflammte die Gesellschaft zu genialen Ausschreitungen im Spiel. Der alte Bäcker Witt reichte eine Flasche nach der andern, und an der Tür stand der Drehorgelmann und sang:

»Zerbrecht mir ja die Flasche nicht!
Mein König trank daraus.«

Im Hotel Toll ging es anders her. Hier hatte der König Pharao (wie man ihn zu nennen pflegte) sein Hoflager aufgeschlagen, und alles drängte sich um den grünen Tisch seines zeitweiligen Zeremonienmeisters, der in der Gestalt eines professionierten Spielers seine Schätze aufstapelte. Dicke, ehrwürdige Bäuche, auf deren heitern Gipfeln schwere, goldene Uhrketten mit dicken Petschaften im blendenden Kerzenlichte auf- und niederwackelten, saßen mit den ihnen zustehenden, von Punsch und Bischof geröteten Gesichtern um die lange Tafel und bogen in unerschütterlichem Gleichmute ihre Karten. Breitspurige Inspektoren in Corduroi-Hosen und glänzend lackierten Stulpen, mit mächtigen Anschnallsporen, klatschten mit Reitgerten an besagte Stiefel. Ach, diese Inspektoren! Christlieb, alter teurer Kuchenfreund, ich werde dir ungetreu, deine Stellung im Leben lockt mich nicht länger. So ein Inspektor auf seinem Fuchs ist der Inbegriff meiner Wünsche!
Man glaube aber ja nicht, daß diese pharaonischen Geschichten so frei jeder Forschung offen standen! Für die Uneingeweihten blieben es Hieroglyphen,

und nur mir, der ich Tante Toll besuchte, wurde zuweilen ein flüchtiger Blick in die bunten Bilder vergangener Jahre vergönnt, die mit hierophantischer Heimlichkeit gehütet wurden, denn das rächende, unerbittliche Fatum ging als Stadtdiener Luth durch dies Leben und löste die von Leidenschaften gewobenen Schicksale der Spieler mit ehernem Griff nach Karten und Gold in schrille Dissonanz auf.
Wir Jungen spielten um diese Zeit auch, und wenn unsere Spiele auch unschuldiger waren, so waren sie doch ebenso verboten, gewagt und leidenschaftlich wie die der Alten. Wenn des Abends die Marktverkäufer ihre Buden aufgeschlagen hatten, jagten wir uns um dieselben, versteckten uns dort und wurden dann auf die heiterste Weise von den Handelsleuten, meist mosaischen Glaubens, verfolgt. Wurde einer von uns ergriffen, so waren ihm die Prügel gewiß, denn unsere Neckerei mußte aus dem Herzen der Verfolger jede Spur von Großmut vertilgen. Mich ergriff einmal »Unkel Möschen«, der als Wache in die Josephysche Bude gesetzt war. »Unkel Herzensjuding« kam dazu, und beide hielten schrecklich Gericht über mich. Wie haben mich diese beiden alten, ehrwürdigen Patriarchen geängstigt!
Am folgenden Tage begann dann die eigentliche Jahrmarktslust. Vor unserm Hause standen die Drechsler aus mit Sägemännern und bunten Kläterpuppen, mit Knarren und Pfeifen und den schönsten Steckenpferden von der Welt, die alle herkommenmäßig vorn an der Brust mit einer blauen, hinten am Schwanz mit einer roten Tulpe verziert waren. Wie schön begann dann der Tag, wie wonneverheißend

ging die Sonne an demselben auf! Pfeifen und Knarren und Trompeten läuteten ihn freundlich ein, und wenn ich am Morgen mit reinem Hemdkragen und wohlgebürstetem Haar hinaustrat auf den weiten Flur des elterlichen Hauses, dann standen sie da mit ihren Körben, alle die Kuchencharitinnen, die einen Hausierzettel von meinem Vater verlangten. Oh, wäre ich doch nicht ein so materieller Schlingel gewesen! Von dem Duft allein hätte ich zehren können mein lebelang.

Hier sehe ich mich veranlaßt, in mein Jahrmarktsvergnügen einen trockenen Passus über die Erziehung einfließen zu lassen. Mein Freund, der Justizrat Schröder, sagte: »Ich schlage nie mein Kind, mein Kind ist mein Freund!« – Ein Ausfluß hoher Humanität, der sich lieblich durch blühende Büsche eines heitern Familienlebens hindurch schlängelt. – Mein Freund und Nachbar, der Ackerbürger Jochen Burr, sagt: »Släg' möten s' hewwen! un ick heww ok weck kregen.« Ein Ausfluß der Selbstbetrachtung, der zuletzt in das ewige Meer der Wiedervergeltung ausströmt. – Mein Freund, der Rittergutsbesitzer Hilgendorf, sagt: »Mark di dat! *Einmal* möten s' Släg' hewwen, un dat in 't irste Johr. Äwer denn düchtig!« Ein Ausfluß praktischer Weisheit, die sich – ich glaube – an zwölf unmündigen Individuen erprobt hat und sich mir, in Anbetracht meiner eigenen Lebenserfahrung, als das allein Richtige aufgedrängt, natürlich mit Modifikationen. Nicht das *erste Jahr*, sondern die *erste Gelegenheit* ist es, bei welcher die Erziehung einzugreifen hat.

Ich alter, ruhiger Mensch, der ich dies in stiller, nächtlicher Abgeschiedenheit schreibe, stünde jetzt vielleicht hinter irgendeinem Busch in den Ardennen oder wegelagerte in den Apenninen, wäre mir nicht von meinem Vater an einem Jahrmarktstage der Unterschied von »Mein und Dein« auf höchst praktische Weise beigebracht worden.
Eines schönen Jahrmarktsmorgens gehe ich hinaus vor die Tür meines elterlichen Hauses; die beseligende Idee des Besitzes mag vielleicht in mir lebendig geworden sein – ich sage mag, denn ich selbst weiß das Folgende nur vom Hörensagen –, ich setze mich in den Binsenstuhl des Drechslers aus Waren, der den braunen Mantel mit sieben Kragen und den gleichfarbigen Leberfleck vor der Stirne hatte; und sitzend in diesem rotangestrichenen Lehngestühle, lasse ich das Jahrmarktspanorama an meinem Auge vorbeigehen. Aber ein Käufer kommt, der grade *diesen* Stuhl für die *nates* seiner *natorum* zweckmäßig erachtet, ich soll als zahlungsunfähiger Insasse ausgeworfen werden und, die langweilige Lehre der langjährigen *Usucapio* auf eigene Weise abkürzend, protestiere ich mit Hand, Fuß und greulichem Geschrei gegen die mir durchaus unklaren Rechte des unfreiwilligen Warenschen Stuhlvermieters. Protestieren ist erlaubt, zumal wenn von der Protestation keine Folge zu erwarten ist und wenn man sich in Ruhe fügt; aber ein Protestieren mit Geschrei und offener Widersetzlichkeit, wie ich es ausübte, konnte nur die traurigsten Folgen haben. Mein Vater erschien auf der Türschwelle des Hauses, die *species facti* wurden ihm von dem Drechsler auseinanderge-

setzt, und er fühlte sich veranlaßt, die Grundsätze des römischen Rechts wie auch der Zehn Gebote demjenigen Teil meines Körpers einzuprägen, der in augenblicklicher unrechtmäßiger Ersitzung begriffen war.
Und zu diesem überaus eindringlichen Akt väterlicher Erziehung spielte der alte Stadtmusikus Grützmacher aus Malchin – wir Stavenhäger hatten damals noch keinen Stadtmusikus – die Melodie: »Freut euch des Lebens!«

Wer den Schaden hat, darf für Spott nicht sorgen. Und wenn's die Leute nicht tun, dann tut's der Zufall, der ärgste Spötter von der Welt. Na, ich könnte hier Geschichten erzählen! – Doch jetzt bin ich beim Stadtmusikus Grützmacher aus Malchin und beim Jahrmarkt in Stavenhagen.
Des Morgens zehn Uhr erschien Grützmacher mit seinen Helfershelfern. Grützmacher war ein kleiner blasser Mann mit Pockennarben und grauem Haar; es schien, als hätte er sein bißchen Leben ganz in die Klarinette hinein- und hinausgeblasen. Er sah sehr unbedeutend aus, doch das hatte er mit Haydn und Beethoven gemein.
»Fiek!« rief das Stubenmädchen in die Küche hinein, »de Muskanten kamen!« – »Herr du meines Lebens!« rief die Köchin aus der Küche heraus, ließ Suppe und Braten im Stich und rief dem Kindermädchen, bei welchem meine jugendlichen Knochen in Assekuranz gegeben waren, zu: »Dirn, mak un kumm!« und alle drei klappten mit ihren Pantoffeln hinter Grützmacher und Konsorten her, zwei Trep-

pen hoch auf den Kornboden hinauf, und während die Töne in die wogende Jahrmarktsszene hineinschallten und Käufern und Verkäufern das Zeichen zum erlaubten Handel gaben, wurde zwischen Hafer- und Erbsenhaufen ein *bal champêtre* arrangiert, dem ich die Anfangsgründe der Tanzkunst verdanke, indem Marieken Wienken mich in die Geheimnisse des Beinsatzes einführte, leider aber vergaß, mir die heilsamen Fesseln des Taktes anzulegen, und dadurch Ursache wurde, daß ich trotz Tanzmeister Stengel und Madame Buschenheuer in genialer Taktlosigkeit und in allerlei fessellosen Sprüngen das Leben durchtanzt habe. Ach, wäre Marieken Wienken doch weniger nachsichtig gegen mich gewesen, was hätte aus mir als Tänzer werden können! – Hilgendorf, alter Freund, du hast recht: »Einmal zu rechter Zeit und dann tüchtig!« So wurde denn unter wechselnder Lust und wechselndem Leide, unter fessellosem Sehnen, riesenhaften Wünschen und knapp zugemessenem Genusse der Haupttag des Jahrmarktes verlebt, und wenn ich des Abends eingefangen und ohne weiteres zu Bett gebracht wurde, tröstete mich der schließlich von Bernasconi eingehandelte Bleistift oder Rotstift – für die väterlichen zwei Groschen durfte nur »etwas Nützliches« gekauft werden – nur schwach für die Entsagung aller bunten und süßen Herrlichkeiten, die noch lange in meiner Phantasie umhertanzten.

Ich würde nicht so viel über die Jahrmärkte geredet haben, wenn ich von einer Schützenzunft und einem Königschusse hätte reden können; aber die mangelten uns, und das war ein arger Fehler in dem sonst so gesunden Organismus meiner Vaterstadt. – Es ist mir schwer geworden, dies Übel einzugestehen, und wenn ich den Glanz sehe, den andere Städte des Landes bei solchen feierlichen Gelegenheiten entwickeln, so schäme ich mich meiner Vaterstadt und leider auch meines Vaters, der durchaus nicht dahin zu bringen war, die Notwendigkeit, ja auch nur die Nützlichkeit eines solchen militärischen Karnevals einzusehen. Vergebens stellte mein Onkel Herse die verschiedensten darauf bezüglichen Anträge, vergebens suchte er durch Schießübungen den kriegerischen Sinn in der ruhigen Stavenhäger Bürgerseele zu erwecken, vergebens schmuggelte er allerlei Surrogate für ein regelrechtes Königschießen in der Gestalt von sogenannten Holzpartien ein, auf denen fette Kälber und andere bürgerliche Nahrungsmittel ausgeschossen wurden, mein Vater blieb dabei: er sähe den Nutzen einer solchen Einrichtung nicht ein. Dies Opfern der Poesie auf dem Altar des gemeinen Nutzens war schlimm, zumal für uns Jungen. Um uns doch einmal an einem solchen Schauspiele zu ergötzen und uns die notwendigen Vorkenntnisse für unsere kindlichen Soldatenspiele anzueignen, mußten wir an den heißesten Sommertagen anderthalb Meilen nach der Nachbarstadt Malchin laufen und hatten dort als Ausländer die mannigfachsten Vexationen von seiten der Malchiner Straßenjugend zu erfahren, die schließlich mit der Empfangnahme einer gehörigen Tracht Prügel zu endigen pflegten, woraus man ersehen kann, daß die Gastfreundschaft in Malchin *damals* noch auf einer sehr niedrigen Stufe stand. Dies hat sich zu meiner Freude und zu meinem Wohlbehagen durchaus geändert, und mit Ausnahme eines Falles, wo mir ein alter würdiger Freund infolge eines Katzen-Läuschens den blassen Tod an den Hals wünschte, kann ich über die Gastfreundschaft der Malchiner nur das Allergünstigste berichten.

Aber auch für die Genüsse der damaligen Zeit, in welcher sich das Wohlwollen der Malchiner für Fremde noch nicht so glücklich entwickelt hatte, bin ich den Einwohnern der Nachbarstadt zur tiefsten Dankbarkeit verpflichtet. Ich habe auf einem ihrer Königschießen eine Szene erlebt, die noch heute in den lebendigsten Farben vor meiner Seele steht, deren Erinnerung mich noch heute so wohltätig erwärmt wie die erste Märzsonne, und die, vielleicht mehr als ich selber ahne, günstig auf die Entwicklung meines Gemütes eingewirkt hat.

Das Schießen war beendigt, der Brauer Mahnke war König geworden – er wohnte rechter Hand, wenn man vom Mühlentor nach dem alten Schulhause geht –, er wurde mit allen gebräuchlichen königlichen Ehren nach seinem Hause geleitet, welches von Nachbar- und Freundes-Händen in aller Eile festlich aufgeputzt war. Er war in meinen zwölfjährigen Augen ein Ausbund von Stattlichkeit und männlicher Schönheit, wie er dahinschritt in seinem Schilder- und Ketten-Schmuck. Was hätte ich darum gegeben, auch einmal so stattlich, so schön, so geschmückt, so geehrt ein König zu sein! – Er kam an sein Haus; eine junge, blühende Frau, mit einem Säugling auf dem Arme, stürzte aus der Tür an seine Brust; sie schlang einen vollen, blühenden Rosenkranz um sei-

ne Schultern, er drückte sie an sein Herz und küßte abwechselnd sie und das Kind. Unten stand die Gilde und das Volk, was kümmerte es die beiden? Die reine, menschliche Freude triumphierte in ihnen über das, was die Welt passend und schicklich nennt. Was hätte ich um den Rosenkranz gegeben! Was für das Weib und das Kind! Unbedingt den König.
Die Landsleute meines Schützenkönigs Mahnke werden sicherlich lächeln über meine kindische Begeisterung, sie haben den Mann gekannt mit seinen Fehlern und Schwächen, sie haben die blühende Frau alt werden und den Säugling zum großen Rangen aufwachsen sehen; aber in meiner Erinnerung sind sie geblieben, was sie waren, und die Poesie des Augenblicks ist nicht durch langjährige Verkümmerungen getrübt worden.
Auf meinem Rückwege nach Hause spielte ich mit diesem freundlichen Bilde, und selbst die Nachwehen der freundnachbarlichen Prügel und ein heftiger Gewitterregen kühlten meine Phantasie nicht ab.

Wer hat wohl nicht in seiner Jugend jenes niederdrückende, katzjämmerliche Unbehagen empfunden, wenn es nach genossenen Jahrmarkts- und Königschuß-Freuden wieder zur Schule gehen heißt, wenn der sonnige Sommertag mit der müffigen Schulstube vertauscht werden soll und die kleinen gelenkigen Glieder verdammt sind, unter der Zuchtrute des Präzeptors in grausamer Unbeweglichkeit der endlichen fröhlichen Auferstehung entgegenzuharren? Ich gestehe gerne ein, daß ich nie zu den sehr eifrigen Besuchern der Schule gehört habe, und glaube, daß mir dafür als Strafe jenes Unbehagen in die Seele geimpft ist, denn wenn ich jetzt in alten Tagen unruhig schlafe und von bösen Träumen gequält bin, so habe ich mich entweder nicht präpariert oder irgendeiner meiner vielen Lehrer hält mir ein schrecklich rot perlustriertes Exerzitium unter die Nase, das er mir dann schließlich um die Ohren schlägt, wonach ich dann stets erwache und Gott danke, daß ich nicht mehr nötig habe, in die Schule zu gehen. Aber es hilft nicht; ich habe versprochen, auch über die wissenschaftlichen Anstalten meiner Vaterstadt Bericht zu erstatten: Ich muß also wieder in die Schule.

Es gab in Stavenhagen drei solcher Bildungsanstalten für den menschlichen Geist und Marteranstalten für das menschliche Sitzfleisch, die ich hier im aufsteigenden Klimax folgen lasse: »de Becker-Schaul«, »de Köster-Schaul« und »de Rekter-Schaul«. Einen organischen Zusammenhang hatten diese drei Schulen durchaus nicht: man konnte in jeder anfangen und in jeder aufhören, oder man konnte mit demselben Nutzen alle drei durchmachen; denn von dem, was man heutzutage Methode nennt, war in allen dreien nicht die Rede, bloß in der Rektor-Schule wurden die Prügel nach einer festgestellten Methode verabfolgt, worüber ich an seinem Orte berichten werde.

Die Becker-Schule hatte ihren Namen von der alleinigen Direktrice und alleinigen Lehrerin, der Frau Becker oder »Mutter Beckersch«, wie sie von allen Leuten genannt wurde, einer sehr alten, emeritierten Weber-Witwe, die dies Privat-Institut ohne Beihülfe von Staats- und Stadt-Mitteln auf eigene Faust begründet hatte, indem – wie der Stavenhäger Bürger sich damals ausdrückte – »sei ehre Nohrung dorvon söcht«, die aber nur schwach sein konnte, da sie von jedem Insassen ihrer Bänke nur einen Schilling wöchentlich als Einspringe-Geld in die geheiligten Hallen der Wissenschaft erhob.

Hier wurden die Anfangsgründe aller Wissenschaft, ausdauerndes Sitzen und verständiges Maulhalten eingeübt. Wer damit durch war, kam ganz allmählich auf dem Wege der Buchstaben-Kenntnis und des a-b, ab, b-a, ba in die Fibel, aus welcher er in dieser Schule nicht wieder herauskam. Frau Becker saß während der Lehrstunden auf einem Binsenstuhle, umgeben von ihrem kleinen Völkchen, welches in einstimmigem Unisono ihre alten treuen Lehrerohren mit a-b, ab, b-a, ba erfreute. In ihrer Hand hielt sie ein Instrument von eigener Erfindung, wie es für ihren gebrechlichen Körperzustand paßte, der ein öfteres Aufstehen nicht mehr erlaubte, eine Birkenrute, die an einem Stück Bohnenstange befestigt war und mit welchem sie bis in die entferntesten Ecken ihres Schullokals reichen konnte, um jeden Versündiger gegen a-b, ab, b-a, ba auf der Stelle abstrafen zu können. Offenbare Bösewichter, bei denen die kindliche Birkenrute nicht mehr fruchten wollte, wurden auf die beschämendste Weise dem öffentlichen Hohne preisgegeben: sie wurden mit einem gewaltigen Esel um den Hals vor die Türe auf die Straße gestellt und dienten in ihrer Verworfenheit der gemeinen Sittlichkeit als abschreckendes Beispiel.

Unter diesen Bedingungen hätte sich nun vernunftgemäß ein hohes Ehrgefühl unter der städtischen Jugend entwickeln müssen; aber leider schlug die Sache gerade ins Gegenteil um. Wenn ein solcher Eselträger öffentlich ausgestellt war, versammelte sich die übrige Jugend aus der Straße um ihn und baten ihn: »Korl, ick gew Di ok en Stück von minen Appel, lat mi ok mal eins den Esel ümhängen.« – »Krischäning, nu mi mal! – Deihst't nich? – Na täuw, ick nehm di ok nich wedder mit nach min Großmutting ehren Goren.« – Ja, mein bester Freund, Karl Nahmacher, kam schon nach der zweiten Stunde, in der er sich hartnäckig gegen die Sitzverordnungen gesträubt hatte, jubelnd nach Hause zurück: »Mutting, ick heww den Esel üm hatt! Vatting, ick heww mit den Esel up de Strat stahn!«

Den direkten Gegensatz gegen diese bloß durch die Birkenrute etwas gestörte Schulidylle bildete »de Köster-Schaul«. Hier war von einer Appellation an das Ehrgefühl durchaus nicht die Rede, hier herrschte der Stock in seiner unverhülltesten Gestalt; statt von der Hand einer alten, schwachen, gutmütigen Frau wurde hier das Züchtigungs-Instrument von der Faust eines vierschrötigen Einpaukers geschwungen, der unermüdet mit blauer Puckelschrift allerlei Bestellungen an die Fassungsgabe seiner Scholaren ausrichtete.

Die Schulstube des Küsters Voß sah ärger aus als ein Gefängnislokal des weiland Stockhauses zu Dömitz, und seine Schüler glichen Verbrechern. Er war ein Anhänger prophylaktischer Kuren: er prügelte in der ersten Stunde alle ohne Unterschied durch, damit seine Rangen inne würden, was ihrer harrete, wenn sie in den andern sich ein Vergehen zu schulden kommen ließen. Ungefähr so, wie es früher in Mecklenburg bei den Pferdejungen der Bauern angewendet wurde, denen ja auch regelmäßig am 1. Mai die obbesagte Kur verordnet wurde, damit sie den Sommer über die Pferde nicht in den Weizen laufen ließen. Er prügelte seine Schüler in die Fibel hinein und hinaus und dann wieder in Lutheri Katechismus hinein, worin sie dann zeitlebens stecken blieben. Hätte er seine Armkraft zum Holzhacken verwandt, so wären beide Teile, er sowohl wie seine Schüler, besser daran gewesen, er hätte mehr verdient, denn auch er bezog nur wöchentlich einen Schilling pro Puckel.

Außerhalb seiner Schulstube war dieser Pädagog ein ebenso gefürchteter Schläger, allerlei unheimliche Faust- und Schemelbein-Geschichten spukten durch sein Leben, und oftmals kam er mit *einem* blauangelaufenen Auge zu Platz – das andere war ihm einmal bei einer Schlägerei abhanden gekommen. Ich erinnere mich einer Szene, deren Schluß ich selbst mit angesehen habe, worin er neben seiner Schlagfertigkeit noch ein Stück Humor entwickelte, und die deshalb hier ihren Platz finden mag. – Der Klempnermeister Belitz, dem der Volkswitz den Beinamen »Oberförster« gegeben hatte, weil er sich als Holzdieb in den großherzoglichen Forsten vor allen auszeichnete, ein kleiner, zusammengetrockneter, dorniger Kerl, geht vor Küster Voß, der hinter dem Branntweinglase sitzt, immer auf und nieder und sagt infolge eines vorausgegangenen Streites: »Ja, Vadder Voß, wi willen seihn, wo de Voß de Egt treckt.« Voß rührt sich noch nicht bei dieser Anspielung auf seinen Namen. – »Wi willen seihn, wo de Voß de Egt treckt«, wiederholt Belitz mit dreisterer Betonung. – Da erhebt sich Küster Voß, schlägt den »Oberförster« mit dem Ausrufe: »Wrampige, wormmadige Kirl!« zu Boden, faßt ihn in dem Rockkragen, schleppt ihn auf die Straße und von da in den Rinnstein und zieht ihn in demselben immer auf und nieder: »Süh so, Vadder Belitz, treckt de Voß de Egt!«

Dieser Schulmann starb nicht in seinem Beruf, sondern in dem Stavenhäger Wallgraben.

»De Rekter-Schaul.« Ich wollte, ich könnte das stolze, befriedigte Gesicht meines Freundes Karl Nahmacher hier hinzeichnen, als er, fibelreif aus der »Becker-Schaul« entlassen, mir die Anzeige machte: »Fritz, ick kam nu in de ›Rekter-Schaul‹.« – »Oh, woll man bi de *Fru* Rektern?« – »Ne, bi *em sülben*!« – »Hei sülben« war ein Sachs aus Halle, er verstand kein Plattdeutsch, weshalb man ihn natürlicherweise für einen höchst gebildeten Menschen erklärte. Seine hochdeutsche Herkunft und seine gelehrte Vaterstadt trug er beständig im Herzen und schnitt und pappte sich deshalb ein Transparent zusammen, welches das Wappen seiner Vaterstadt führte, einen Halbmond, den er allabendlich über die eine Ecke des Kirchhofs aufgehen ließ. In allerlei Schnurrpfeifereien war er ein zweiter Onkel Herse, ohne dessen Grundgemütlichkeit und embryonische Genialität zu besitzen. Er war Blumist, denn er hatte einen acht Schritt langen und drei Schritte breiten Garten; er war Musiker, denn er war Organist und besaß einen

Klavizimbel; er war Optiker, denn er besaß einen Guckkasten, den er seinen »optischen Spiegel« nannte; er war 'ne Art Buchbinder, denn er pappte und kleisterte viel; er war der erste Schriftsteller, den Stavenhagen aufzuweisen hat, denn er hat ein Reimlexikon geschrieben, welches allen angehenden Poeten trotz *Peregrinus Syntax* hiermit aufs wärmste empfohlen sein soll (Schäfers Reimlexikon); er war ein Politiker, und zwar ein freisinniger, denn er hielt schon damals die »Vossische«, während die übrigen Stavenhäger sich mit dem »Hamburger Korrespondenten« begnügten. In Hinsicht auf Uhren war er ein zweiter Karl der Fünfte, denn in seiner Studierstube tickte und pickte es wie in einem Uhrmacherladen; er war ein Gelehrter, denn an seiner Wand stand ein Büchergestell, welches er seine Bibliothek nannte; er war der Chronist der Stadt, denn er führte gewissenhaft ein Tagebuch mit schwarzer, roter und grüner Tinte. Diese verschiedenen Farben hatten ihre tiefe Bedeutung: schlimme Dinge, Todesfälle, Krankheiten, eigene und fremde Verdauungsbeschwerden wurden mit schwarzer Tinte verzeichnet; gleichgültige Sachen, wie Wetter und städtische Angelegenheiten, mit roter; aber Geburten, Verlobungen und Hochzeiten mit grüner; vor allem aber bediente er sich der letzteren Farbe, wenn er ein Wurstessen zu verzeichnen hatte – und das hatte er oft. Kein Stavenhäger Schwein ging über den Acheron, von dem er nicht in Gestalt von Mett-, Leber-, Grütz-, Blutwurst seinen Obolus einforderte. Darum sah sein Tagebuch in den Wintermonaten immer grün und schwarz aus, den einen Tag grün wegen der

Wurst, den andern schwarz wegen der Verdauungsbeschwerden.
Jeden Abend nach beendigter Schulzeit ging der Herr Rektor Schäfer in hellbraunem Rocke, mit hellbraunem Rohrstocke und hellbrauner Stutzperücke spazieren, die er mit Eiweiß seinem Haupte aufkleisterte, denn er war barhäuptig, und sein natürlicher Schädel hatte entschieden mehr Ähnlichkeit mit dem Cranium eines gebratenen Krammetsvogels als mit einem Borstwisch. Sein steter Begleiter war sein »Teckel«; Teckel ging nicht wie andere vernünftige Dachshunde auf vier, sondern auf fünf Beinen, er war ein Monstrum, bei dem der eine Vorderfuß sich in zwei Pfoten ausgezweigt hatte, und deshalb dem Herrn Rektor sehr teuer und wurde immer »Teckel Rekter« genannt.
Nach dem Spaziergange versammelten sich seine Freunde um ihn: sein Uhrenfreund, der Uhrmacher Droz, sein musikalischer Freund, der Töpfer Böttcher, und sein politischer Freund, der Rademacher Clasen, zu welchem festen Stabe dann noch bald diese, bald jene Freiwilligen aus allen Ständen einberufen wurden, um den Herrn Rektor die Zeitung erklären zu hören.
Die eine Seite des alten Schulhauses, wo jetzt mein alter, biederer Freund Bunsen seinen wohlausgestatteten, für Tabakraucher höchst interessanten Laden hält, war damals in zweien Abteilungen ausschließlich der Wissenschaft geweihet. In der einen, nach vorne belegenen, größeren präsidierte der *Herr* Rektor, in dem sehr kleinen Hinterzimmer die *Frau*

Rektorin. Frau Rektorin war eigentlich nur eine bloße Rivalin von Mutter Beckersch, nur daß sie vom Publikum mehr als im Staatsdienste angestellt angesehen wurde. Die von ihr eingeführte Geistesgymnastik begann ebenfalls mit den unvermeidlichen Übungen des Stillsitzens und Maulhaltens, und der darauffolgende Bildungsgang des a–b, ab, b–a, ba würde denselben Verlauf gehabt haben, hätte der Beckersche *Tenor* nicht gefehlt. Mutter Beckersch gab sich ihrem Berufe ganz hin, Frau Rektorin konnte das nicht; sie war Mutter verschiedener unerzogener Kinder und Hausfrau, und der Herr Rektor war – nun wir wollen uns milde ausdrücken – *sehr* bedenklich im Punkte des Mittagessens. Es war freilich noch Lott da, oder – wie der Herr Rektor sie nannte – »die Lotte«, ein wahres Prachtstück aus der Garde alter Dienstmädchen, aber Lott war kein Monstrum wie Teckel, sie hatte nur ihre richtige Anzahl Beine und Arme, sie konnte nicht allenthalben sein und nicht alles besorgen, so mußte denn also die Frau Rektorin ab und an nach der Suppe und dem Braten sehn, und es traten dann kleine Ferien ein, in denen vollständiger *comment suspendu* herrschte. Allzu lebhaft durfte dieser freilich nicht ausgenutzt werden, denn plötzlich sprang zuweilen die Tür auf, und die Frau Rektorin, rot von Feuer und Ärger, erschien auf der Schwelle und ließ den Kochlöffel brühwarm auf die Häupter ihrer kleinen Rebellen fallen. Bisweilen wurde auch der Schultisch zum gewöhnlichen Anrichtetisch erniedrigt, es wurden darauf Pfannkuchen angerührt, Fische zurechtgemacht und Gemüse geputzt; oder aber es wurden auch aus des *Herrn* Rektors Klasse einige der größeren Mädchen zum Kartoffelschälen in die Küche kommandiert, und die größeren Jungen um Pfeffer und Salz zum Kaufmann und um Petersilie in den Garten geschickt.

Man mag diese nützliche Verwendung der lernenden Schulkräfte für *leve ac non satis dignum* erklären; ich kann mich diesem Urteile jedoch nicht unbedingt anschließen. Für die *Jungen*, die unter dem Vorwande, Petersilie zu holen, Äpfel mauseten und sich den Magen mit unreifen Stachelbeeren verdarben, mag das gelten; auf die Mädchen paßt es nicht, denn mehrere meiner Freundinnen aus jener Zeit, die jetzt brave, wirtschaftstüchtige Hausfrauen sind, haben mich ernstlich versichert, sie hätten mehr in der Frau Rektorin Küche als in des Herrn Rektors Schulstube gelernt.

Wir treten jetzt in diese Schulstube des *Herrn* Rektors. In der Mitte der Stube, mehr nach den Fenstern hin, so daß er alles mit einer gelinden Halsdrehung gut übersehen konnte, saß der Herr Rektor auf einem hölzernen, rundlehnigen Stuhle, der von ihm »Katheder«, von den Jungen aber »Kantheder« genannt wurde. Diese letztere Benennung war sehr alt, sie stammte noch von seinem Vorweser im Amte, dem Kantor Bewernitz – vor ihm gab's in Stavenhagen nur Kantoren, er war der erste Rektor – und »Kantheder« sollte also weiter nichts bedeuten als Sitz des Kantors.

Man sieht, wie sinnreich auch plattdeutsche Jungen sein können. Rechts von ihm saßen die Jungen, links von ihm die Mädchen, und an einem Mitteltisch die überschüssigen Jungen und überschüssigen Mädchen in gemischter Ordnung. Vor ihm lagen drei Instrumente – und nun komme ich auf das, was ich oben versprochen habe, nachzuweisen, daß in Stavenhagen wenigstens in *einer* Schule nach Methode geprügelt wurde. Diese mehr oder weniger langen, hölzernen Instrumente hatten verschiedene Namen und Anwendung. Da war erstens *der Gelbe*, lang und dünn, er fand seine Anwendung bei Plaudern, Butterbrot- und Apfel-Essen und Klecksen im Schreibebuch; dann war da zweitens *der Braune*, kürzer und dicker, wurde verwandt bei notorischer Faulheit, bei Widerrede, oder wenn nachgewiesen wurde, daß ein Junge dem andern heimlich das Tintenfaß ausgesoffen hatte; und endlich war drittens da *der Dachs*, kurz, dick und schwer, von gewisser Ähnlichkeit mit einem eichenen Schemelbeine. Zum Ruhme des Herrn Rektor muß ich gestehen, daß dieser letztere nur in den alleräußersten Fällen von Verstocktheit, Verruchtheit und offenbarer Widersetzlichkeit in Anwendung gebracht wurde; aber er war doch da und, wie das mecklenburgische Sprichwort sagt: »De Furcht wohrt de Heid.«

Mit dem armen Dachs nahm's ein kläglich Ende. Ein schon längst verstorbener Bösewicht sollte wegen verschiedener Missetaten den Dachs schmecken; frech entriß er den Händen des Rektors den geschwungenen Dachs und schleuderte ihn in die Ekke; der Herr Rektor ward blaß; nach dieser gräßlichen Beleidigung seiner Autorität konnte er nicht weiter dozieren; er schloß die Schule. Aber am folgenden Morgen wurde ein feierliches Femgericht über den Verbrecher gehalten; der *primus scholae* mußte als Ankläger vortreten, die erste Knabenbank wurde zu Femrichtern ernannt, und es wurde von diesem *collegium* abgestimmt, ob der Verbrecher noch länger die Schule besuchen dürfe, oder ob er *cum infamia in perpetuum* zu relegieren sei. *Eine* Stimme, die meines alten guten Freundes Karl Nahmacher, der schon seit Jahren seinen Sitz als *ultimus* der Bank beharrlich festgehalten hatte und nun als der letzte zur Abstimmung kam, rettete ihn; er blieb. – Ja, er blieb – aber in stiller Verachtung.

Den andern Morgen jedoch war der Dachs verschwunden. Allerlei dunkle Gerüchte liefen in der Schule und auf der Straße um: Frau Rektorin habe die Unzweckmäßigkeit seiner früheren Verwendung eingesehen und ihn zweckmäßig zum Kaffeekochen verwandt; wir wissen's aber besser. Ein ebenso großer Bösewicht wie der vorher erwähnte, den ich jedoch ebenfalls nicht nennen werde, weil er von Jugend auf mein Freund gewesen ist, hatte ihn in ein Mauseloch gesteckt. Da wäre er nun wohl für immer in seiner Höhle geblieben, wäre der alte, gute Herr Rektor nicht eines Tages gestorben, wäre das alte, gute Schulhaus nicht an meinen Freund Bunsen verkauft, und hätte dieser nicht eine neue Versohlung und Verdielung für gut befunden. Und da geschah es denn, daß eines schönen Tages der alte, vergessene Dachs zum Vorschein kam und in seiner alten, treuherzigen Weise die Zimmerleute fragte: »Gu'n Morgen ok! Kennt Ji mi woll noch?« Und siehe da! sie kannten ihn wieder, denn es waren Stavenhäger Kinder. – Er ist jetzt in meinem Besitz, er hat mir

auf meiner Laufbahn als Schulmeister wesentlich weitergeholfen und wird von mir als Reliquie aus einer schönen Zeit hoch geschätzt.
Wie schon erzählt, kam man in der »Becker-Schaul« bis in die Fibel und in der »Köster-Schaul« bis in den Katechismus; hier in der »Rekter-Schaul« kam man bis in die Bibel und das mecklenburgische Gesangbuch. Außerdem wurde aber noch geschrieben und gerechnet; kostete aber auch wöchentlich einen *Groschen*, d. h. beim *Herrn* Rektor; *Frau* Rektor nahm einen *Schilling*, weil die Mutter Beckersche Konkurrenz eine Preiserhöhung nicht wohl zuließ. Der Kalligraphie wurde eine große Aufmerksamkeit zugewandt, und da der Herr Rektor selbst in dieser Kunst etwas Tüchtiges leistete, so gingen die Erfolge bei den meisten weit über das Niveau des Gewöhnlichen hinaus. Jeder Junge trachtete mit rühmlichen Eifer darnach, bald in die Fraktur-Schrift zu kommen – die aber in meiner Vaterstadt noch immer hartnäckig »Flaktur« genannt wird – und war er mit den damit verbundenen Zügen und Schnörkeln durch, so ging es an ein farbiges Ausmalen großer Initialen, bei dem der Herr Rektor sich sehr viel ärgern mußte, nicht wegen der mangelhaften Leistungen, sondern wegen der trivialen Benennung, mit der diese Kunst bezeichnet wurde: die Jungen nannten die Ausübung derselben »grün oder rot anstreichen«, sie sollten aber »illuminieren« sagen. Mit Vergnügen erinnere ich mich noch des Eindrucks, welchen das bunt »illuminierte« Schreibe-Buch meines etwas älteren Jugendfreundes und ebenfalls älteren Kollegen in der Poesie Helmuth Sköllin (jetzt in

einer Hofcharge in Schwerin angestellt) auf mich machte. Alles war wunderschön, aber als er Blatt für Blatt endlich an das X kam, kannte meine Bewunderung keine Grenzen. Dies X könnte ich noch heute zeichnen und »illuminieren«; es war aus zwei verschlungenen, scharlachroten Schlangen mit grünen, gelbgekrönten Adlerköpfen gebildet, und wer mir eine solche spezielle, fünfundvierzig Jahre überdauernde Erinnerung nicht zutraut, kann sich bei ihm dies X ansehen, denn er wird es hoffentlich zu seiner Ehre im gerechten Stolze aufgehoben haben.
Nicht so glänzend waren die Erfolge auf dem Felde der Orthographie, und daran hatten – wie ich leider gestehen muß – die Jungen weniger schuld als der Herr Rektor selbst: nicht etwa, als wäre er dieser Wissenschaft unkundig gewesen. Gott bewahre! er hatte sich bloß vergriffen, hatte seine ungebildeten, plattdeutschen Jungen für gebildete, hochdeutsch-sächsische angesehen und es für notwendig erachtet, sie vor allem mit dem Unterschied des harten und weichen B und des harten und weichen D bekannt zu machen. Dazu hatte er als vorläufigen Grundsatz aufgestellt, die Jungen sollten gerade so schreiben, wie er diktierte. Unter solchen Umständen konnte nun natürlich eine heillose Verwirrung nicht ausbleiben; die Jungen mußten mit Recht vermuten, hinter diesen Dingen stecke noch ein besonderes Geheimnis, und die harten und weichen P's und B's und D's und T's, die sie, als Produkte plattdeutscher Eltern, auf der Straße und im gemeinen Leben durchaus richtig zu würdigen verstanden, liefen in dem Diktamen des Herrn Rektors ratlos umher wie Kinder im

Blindekuhspiel. – Von mir selbst weiß ich zu berichten, daß ich, als der Herr Rektor später meinen Vettern und mir Privatstunden gab und den Satz diktierte: »Traget die Briefe nach der Post« getrost niederschrieb: Draget die Priefe nach der Bohst.

Im Rechnen kam man beim Herrn Rektor durch die vier Spezies und das kleine Einmaleins; besondere Talente kamen in die Brüche und in die Reguladetri; aber ich erinnere mich auch, daß die vorzüglichsten unter ihnen – meistens Judenjünglinge – in die Regula quinque und in die Regula falsa hineinkamen. Die andern Regeln habe ich später kennengelernt, aber die Regula falsa ist mir nie wieder aufgestoßen, selbst mein würdiger mathematischer Lehrer und Freund, der Konrektor Gesellius in Parchim, kannte sie nicht und meinte nur, als ich ihn einmal darnach fragte: es würde wohl die Regula sein, wo das Fazit stets falsch herauskäme.

Der Herr Rektor selbst quälte sich mit dem Rechnen wenig ab, er hielt sich strenge an sein Fazit-Buch. So diktierte er denn einmal ein Exempel, und nach kurzer Zeit erhob sich ein Schnellrechner: »Ich hab's« – »Was hast du?« – »$491^{1}/_{4}$.« Der Herr Rektor sieht in sein Buch: »Falsch!« Zu einem andern: »Was hast du?« – »$491^{1}/_{4}$.« – Ich sage euch, es ist falsch; ein Bruch ist gar nicht dabei. – Rechnet's noch mal.« – Das geschieht; aber bevor die besten Rechner ein neues Fazit gefunden haben, erhebt sich ein kleiner, pfiffiger Schlingel: »Herr Rektor, ich hab's« – »Was hast du?« – »491« war die Antwort. »Richtig! 491! – Wie hast du's gemacht, mein Sohn?« – »Ich hab' den Bruch weggewischt.«

Ein andermal wurde ihm ein kleiner Judenjunge in die Schule geschickt, der bisher bei seinem Bocher in Unterricht gewesen war; der Vater desselben stellte den Sohn vor: »Sehn Sie hier, Herr Rektor, meinen Sohn, Moses David. – Kennen Sei minen Sähn? Ein ausgeßaichneter Mensch, er helft mir schon ins Geschäft; er rechnet Sie allens aus, aus en puren Kopf.« – Der Herr Rektor wurde verstimmt bei dem Lobe dieser Verdienste, an denen seine Lehrkunst keinen Teil hatte, er wollte den Jungen fangen, er wandte sich also an ihn: »Ich höre zu meinem Vergnügen, daß du so schön rechnen kannst und daß du deinem Vater schon in dem Geschäfte hilfst. Wenn ich nun in deinen Laden komme und mir $1^{3}/_{4}$ Ellen zu einem Beinkleid kaufe, die Elle zu $1^{3}/_{4}$ Taler, was muß ich dir zahlen?« – Das war eine schlimme Aufgabe; aber Moses David ließ sich nicht fangen, er war dem Herrn Rektor zu klug. Ohne sich weiter zu besinnen, antwortete er: »Nu? Sie werden doch nicht nehmen zu $1^{3}/_{4}$ Taler die Elle, ist doch zu schlecht for Sie; Sie müssen doch nehmen zu zwei Taler; und Sie werden doch nicht auskommen mit $1^{3}/_{4}$ Ellen bei Ihrer Längde, Sie müssen doch haben zwei Ellen; macht gerade vier Taler.«
In der Katechismusstunde fragte er einmal den wohlgenährten Sohn eines Bäckers: »Warum steht die Bitte um das tägliche Brot grade in der Mitte des Vaterunsers?« – »Weil es die Hauptsache is«, war die Antwort, und als er sich an dessen Nachbarn, einen kleinen, pfiffigen, grade erst in den Katechismus gekommenen Schlingel mit der Frage wandte: »Warum beten wir wohl um das *tägliche* Brot?« lautete die Antwort: »Weil's sonst so trocken wird.«

Ja, ja! Richtige Stavenhäger Kinder sind nicht auf den Kopf gefallen.
Zuweilen predigte der Herr Rektor auch, aber nur selten, hauptsächlich in der bedrängten Passionszeit. Er predigte sehr gründlich und äußerst rationell; ich erinnere mich, daß er an einem Grünendonnerstage ein vollständiges Reguladerti-Exempel mit dem Vordersatz und Hintersatz und dritter unbekannter Größe ausrechnete, um seinen andächtigen Zuhörern den wirklichen Wert der dreißig Silberlinge in preußischem Kurant anzugeben.

Das waren der Herr Rektor und die drei einzigen quasi offiziellen wissenschaftlichen Bildungsanstalten der Stadt Stavenhagen. – Aber hier muß ich, für meine Person, bekennen, daß keine dieser drei Anstalten von meiner Person besucht worden ist, und wenn sich in meiner wissenschaftlichen Bildung wesentliche Lücken finden, so schiebe ich es auf diesen Übelstand. Meine »Mutter Beckersch« war meine eigene Mutter, mein »Köster Voß« war Mamsell Schmidten, und mein Rektor war Onkel Herse und ein gutes Dutzend der allerverschiedensten Lehrkräfte, die Stavenhagen aufzuweisen hatte. Mein Vater hielt ganz richtig dafür: der Mensch müsse etwas lernen, und daher war er unablässig bemüht, alle Leute, die irgend etwas wußten, mit meiner und meiner Vettern Belehrung zu bemühen. So sind denn bis zum Unterricht bei einem festengagierten Hauslehrer nach der Reihe folgende Personen meine Hauslehrer geworden: Meine Mutter, Mamsell Schmidten, der Handlungsbeflissene Rutenick, der *studiosus*, jetzt Medizinalrat Caspar zu Bützow, der Apotheker, jetzt Doktor Sparmann zu Stavenhagen, der Schneider Krenz, der Uhrmacher Droz, der Herr Rektor, Onkel Herse und verschiedene andere, deren Weisheit ich nicht allein, sondern auch deren Namen ich vergessen habe.

Ich kann diesen höchst komplizierten Bildungsgang leider nicht gründlich verfolgen, es war ein zu künstlicher Irrgang, und der Ariadnefaden ist mir im Laufe der Zeit abhanden gekommen; ich muß mich auf einige Notizen beschränken. – Von meiner guten Mutter habe ich Lesen und Schreiben gelernt, bei welcher letzten Kunst Onkel Herse, der eine *sehr* schöne Hand schrieb, mit Vorschriften unter die Arme griff. Ich bin bis zur »Flaktur« gekommen, in dieselbe hinein nicht; denn als Onkel Herse, um dem Herrn Rektor in keiner Weise nachzustehen, damit beginnen wollte, erklärte mein Vater, das sei dummes Zeug, die Jungen sollten eine gute Hand schreiben lernen, weiter nichts.

Aus diesen Vorübungen kam ich in die regelmäßige Schule bei Mamsell Schmidt. Dies war eine liebe, gute, in meinen Augen damals sehr schöne Dame, der ich wirklich sehr viel verdanke. Alles wäre auch gut gewesen, hätte sie nur nicht eine Töchterschule für gebildete Stände gehalten und wäre ich nur nicht der einzige Junge unter den gebildeten Mädchen gewesen! Was haben mich diese Kinder anständiger Leute geschuriegelt! Jede Zwischenstunde hatte ich mit den sich erschließenden Blüten des schönen Geschlechtes die heftigsten Kämpfe auszufechten und halte das Lied: »Als ich noch im Flügelkleide in die

Mädchenschule ging . . . « für ein sehr dummes Lied, und den albernen lateinischen Hexameter: *Est bellum bellum, bellis bellare puellis* mag derjenige für schön erklären, der's nicht durchgemacht hat; mir bleibe man damit vom Leibe, denn ich weiß, wie mir diese kleinen gebildeten Megären zugesetzt haben. Eule unter Krähen zu sein, ist ein schreckliches Los. Nur zwei liebenswürdige Evatöchter, Minchen Pasters und Auguste Sparmann, nahmen meinen noch sehr schwächlichen Mannesmut unter ihren gütigen Schutz, und wenn die Leute behaupten, daß meine Frau ein gelindes Pantoffel-Regiment über mich führt, so hat sie ihre Herrschergewalt nur der Erinnerung an meine Hülfsbedürftigkeit in der Mädchenschule zu verdanken und an die Liebenswürdigkeit meiner Beschützerinnen.
Neben dem holperigen Geleise meiner Mädchenschule trabte noch ein männlicher Pädagog nebenher, das war der Schneidergeselle Krenz, der sieben Jahre als Schneidergeselle in Paris gearbeitet hatte. Es ist ein guter, alter Mann – denn er lebt noch –, hat sich aber auf seinen vielfachen Wanderungen sonderbare Lebensanschauungen angeeignet, die einmal in seinen Unterrichtsstunden, bei denen meine Mutter gegenwärtig war, auf eine höchst drollige Weise zum Vorschein kamen. – Meine Schwester konnte mit der Aussprache der französischen Nasenlaute nicht gut zurechtkommen, und ich dummer Junge lachte darüber; da drehte sich Herr Krenz zu mir um: »*Monsieur* Fritz, lachen Sie nicht; *Mademoiselle* Lisette ist ein Frauenzimmer, und die Frauenzimmer sind von Natur dumm geboren.« – Meine

Mutter lachte: »Herr Krenz, Herr Krenz, lassen Sie das Ihre Frau nicht hören.« – Herr Krenz merkte den Verstoß, wurde sehr bestürzt und stotterte: »Frau Burgemeistern, Ihnen habe ich nicht damit gemeint.«
Natürlich wurden dergleichen kleine Verstöße gerne übersehen; aber eine kleine sprachliche Unrichtigkeit, die er uns beharrlich eingeimpft hatte, entriß ihm den pädagogischen Zepter. – Wir drei Knaben waren zum Besuche zu meinem Onkel nach Jabel gewandert, und dieser fühlte unsern französischen Kenntnissen etwas auf den Zahn. Wir parlierten auch nach Kräften dreist drauflos; aber zum Unglück für den Herrn Krenz mußte ich mit *»Je suis été«* zu Raum kommen. »August, wie heißt das?« fragte mein Onkel. – *»Je suis été«*, sagte August. – »Ernst, wie heißt das?« fragte mein Onkel weiter. – *»Je suis été*, Herr Krenz sagt immer: *Je suis été.«* – Mein Onkel schrieb einen überaus humoristischen Brief in dieser Angelegenheit an meinen Vater und – Herr Droz wurde für die französischen Stunden gewonnen.
In meinen »Ollen Kamellen« habe ich schon von Herrn Droz – oder wie die Leute ihn nannten: »Droi« erzählt, aber bloß um nachzuweisen, daß auch Leute, die viel erlebt hatten, meine Vaterstadt zum ruhigen Hafen nach stürmischen Schicksalen erkoren, will ich hier auf ihn zurückkommen. – *Jean Jacques Humbert Droz* stammte aus der bekannten Uhrmacher-Familie des Kanton Neufchâtel, die so viele mechanische Künstler hervorgebracht hat; der berühmte Verfertiger von Automaten, Jacques

Droz, war sein naher Verwandter. – In seiner Jugend mag er etwas wild gelebt haben – er war wenigstens schon frühzeitig ein leidenschaftlicher Jäger und wurde später Soldat. In seine Soldatenzeit fällt nun ein Ereignis, welches nicht allein auf *sein* Leben, sondern auf ein weit berühmteres einen entscheidenden Einfluß ausüben sollte. Die Freiheits- und Gleichheits-Ideen der ersten französischen Revolution hatten ihren Weg selbst in die stillen Juratäler von *Locle* und *Chaux-de-fonds* gefunden und wurden, wie überall, von einer Seite mit rückhaltsloser Begeisterung gepredigt, von der andern mit hartnäckigem Widerstreben zurückgewiesen. Droz, als Schweizersoldat, gehörte dieser letzteren Seite an; er sitzt eines Abends mit mehreren Kameraden beim *vin rouge de Valengin*, da tritt der Fechtmeister Augereau mit der roten Jakobinermütze in das Gastzimmer und fordert die Anwesenden auf, dies Zeichen der Freiheit und Gleichheit statt der weißen Schweizer-Kokarde aufzupflanzen. Man weigert sich, aber der Fechtmeister wird dringender und reißt endlich meinem Herr »Droi« die Kokarde vom Hute. – »*Ce coquin-là!*« sagte Herr »Droi«, wenn er es erzählte. – Herr »Droi« packt ihn, schleift ihn in die Küche und bearbeitet ihn unter dem Beistande seiner Kameraden aufs unbarmherzigste mit einem Scheite Holz. Der Fechtmeister, ganz zerschlagen, soll am andern Morgen den Söhnen eines reichen Kaufmanns die bedungenen Stunden geben; er scheuet aber mit dem zerschlagenen Gesichte die Öffentlichkeit, entschuldigt sich mit dringenden Geschäften und bittet den Kaufmann endlich um ein

Reitpferd. Dies erhält er, setzt sich des Abends zu Pferde – und kam nicht wieder. Er ritt nach Paris und wurde Marschall von Frankreich und Herzog von Castiglione.

Man hörte nun wohl später in Neufchâtel von den Kriegstaten eines Augereau, aber keinem, am wenigsten meinem Herr »Droi« fiel es ein, daß dieser Augereau der abgeprügelte Fechtmeister sein könne. Das dauerte jedoch nur seine Zeit: Augereau rückte als kommendierender General in die Schweiz und machte seine etwas ausgedehnte Pferde-Anleihe dadurch wieder gut, daß er vorher mit einem verbindlichen Schreiben 100 Louis d'or und zwei sehr schöne Reitpferde einsandte. – Herr »Droi« vermutete nun mit Recht, daß der, welcher ein so vortreffliches Gedächtnis für Pferde gezeigt hatte, auch eines für Prügel haben könnte; er zog es also vor, seine bisherige Stellung aufzugeben, das heißt: er desertierte, ging ins Bernische und von da nach Mümpelgart (*Monbeillard* – wie er es stets nannte). Hier ward er Wildschütz, kam aber – wie dieser Industriezweig es in zivilisierten Ländern mit sich bringt – in unangenehme Verdrießlichkeiten mit den Behörden und in noch unangenehmere mit seinem Geldbeutel und sah sich endlich genötigt, fürs liebe Brot und zu seiner Sicherheit in die Reihen der Neufranken einzutreten.

Da hat er nun eine Reihe von Siegen mit erfechten geholfen; aber sei es nun, daß er von Jugend auf mehr auf die Tiere des Waldes als auf Menschen-Schießen dressiert war, er hat es auf dem Felde der Ehre nicht weit gebracht, und die einzigen Spolien,

die er auf seinen Feldzügen erobert hatte, waren seine eigene Uniform, Bärenmütze und Stiefeletten, die er eines schönen Abends, als er für immer von den Franzosen Abschied nahm, um nicht ganz unbekleidet zu erscheinen, mit sich nahm.
Er schlug sich durch alle polizeilichen und militärischen Anfechtungen durch und kam, als seine früheren Kameraden die Schlacht von Marengo schlugen, nach Berlin. – Hier lächelte ihm zum ersten Male das Glück; er wurde – weiß der Himmel durch welche Vermittelung! – Kammerdiener beim Prinzen Louis Ferdinand von Preußen, jenem genialen, aber sittenleichten Herrn, der später bei Saalfeld durch seinen mutigen Tod so viele Verirrungen im Leben abbüßen sollte; d. h. er wurde nicht Kammerdiener bei der Person des Prinzen selbst, sondern bei einer Person weiblichen Geschlechts, die der Person des Prinzen außerordentlich nahe stand. 1806 folgte diese Dame dem allgemeinen preußischen Heerrufe, und Herr »Droi« natürlich ihr, so daß er als sehr entfernter Zuschauer auch von dieser Zeit erzählen konnte. Nach der verlorenen Schlacht von Jena und dem Tode des Prinzen lief Herr »Droi« mit dem ihm anvertrauten Schatz noch eine Weile in der allgemeinen Misere mit, bis ihn endlich unter Beistimmung von Mademoiselle ein französischer General von seiner Verantwortlichkeit dispensierte und ihn in meine Vaterstadt entließ, wo er sich in dem Geschäfte einer Witwe als Uhrmacher-Gehülfe nützlich zu machen suchte. Aus diesem auf Wochenlohn gegründeten, kündbaren Kontrakte wurde später ein auf Liebe gegründeter, unkündbarer; er heiratete

die Witwe und ernährte sich kümmerlich bis ans Ende seiner Tage mit Uhrenflicken und Uhrenschmieren vom Publikum, und mit Sprachflicken und Zungenschmieren von uns Jungen. Er hätte vielleicht schon früher Abschied von diesem Leben genommen, hätte ihn nicht eine bis ans Ende lebendige Hoffnung aufrecht erhalten, nämlich die Hoffnung auf seinen rückständigen Gehalt für die Dienste, die er Mademoiselle geleistet hatte; aber der Erbe des Prinzen Louis, Prinz August von Preußen, wollte weder seine Dienste noch seine Verdienste anerkennen; der arme Schelm erhielt nichts.
Wenn nun auch manches nicht sehr Liebens- und Lobenswertes in seinem Leben vorgekommen sein mag, so war Herr Droz doch ein guter Lehrer für die französische Konversation, denn er wußte vieles und Fesselndes zu erzählen. Jagdabenteuer, Soldatengeschichten, Schilderungen seines Heimatlandes schmuggelten bei uns ganz unvermerkt das Verständnis der französischen Sprache ein, und selbst das geistlose Auswendiglernen von Regeln, welches mir später auf der Friedländer Schule tagtäglich aufgetischt wurde, hat mir des Herrn Droz Muttersprache nicht verleidet.

Aber die leichten Truppen der französischen Konversation konnten nicht allein unsern Geist für die Bildung erobern: das schwere Geschütz des Lateinischen mußte zu Hülfe gerufen werden. Der Herr Rektor ward als Oberfeuerwerker dabei angestellt und bombardierte uns mit lateinischen Vokabeln, und nebenbei warfen Julius Caspar und Fritz Spar-

mann allerlei flüchtige Leuchtkugeln in die natürliche feste Stellung unserer Unbildung, bis wir sie aufgeben mußten. Das war hart, und ich kann mir das Zeugnis geben, daß ich mich wacker dagegen gewehrt habe, und zwar so, daß ich von Fritz Sparmanns Unterricht, der sich zum Glück auch auf die Geschichte erstreckte, nichts weiter behalten habe, als daß Kalif Omar die Alexandrinische Bibliothek verbrannt hat, was, wie ich kürzlich zu meinem Erstaunen gelesen habe, gar nicht wahr sein soll.
Nach meiner Entlassung aus der Mädchenschule trat für uns in den gewöhnlichen Unterrichtsstunden ei ne Art Interregnum ein, welches wir höchst zweckmäßig damit begannen, alles zu vergessen, was uns eingebleuet war. Dies konnte mein guter Vater, dem Arbeit das erste Lebensbedürfnis war, natürlich nicht mit ansehen; er selbst brachte uns, abgequält von den täglichen Mühen, des Abends nach Tische die Anfangsgründe der Geographie bei, nach Homannii Atlas, von dem sich glücklicherweise ein Exemplar in dem Besitze des alten Ratsherrn Susemihl befand. Im übrigen sprang mein Onkel Herse hülfreich bei; er gab Unterricht im Schönschreiben, in der Orthographie, im Zeichnen, im Rechnen und eine Stunde, aber auch nur *eine* Stunde im Turnen, worüber ich später berichten werde.
Der Unterricht im Schönschreiben und im Rechnen ging, wie ich mich erinnere, in gewöhnlicher Weise und mit herkömmlichem Nutzen für uns vor sich; das Zeichnen jedoch mit mehr als herkömmlichem Nutzen, wenigstens im Vergleich mit der jetzigen Zeit, in welcher der Musikteufel klimpernd, geigend

und pfeifend umgeht und schon vier- bis fünfjährige Kinder verschlingt, das Ohr fürs richtige Gehör – vielleicht auch Gehorchen – präpariert und die beiden Organe, die der bildenden Kunst und dem praktischen Leben dienstbar sind, Auge und Hand, in den Hintergrund drängt. Damals war das anders: man gab wenigstens ebensoviel auf eine Zeichnung als auf einen Walzer und hatte bei dieser Kunstwahl noch die Vorteile, daß man die Ausgabe für teure Fortepianos sparte und sich die Mietsleute nicht durch die Fingerübungen der lieben Kleinen verjagte. Damals wurde aber auch noch wirklich *Zeichnen*-unterricht gegeben, mit welchem der jetzige Dilettantismus sich nicht mehr quälen lassen will, sondern gleich zu Pinsel und Palette greift, um blaue und rote Blumen zu malen, die kein Linné kennt und kein Herrgott erschaffen hat, oder Landschaften, in denen grüne Heuhaufen statt der Bäume und gefleckte Jagdhunde statt der Kühe stehen. Mein Onkel Herse malte nun auch, und zwar in Aquarell, in Gouache, in Öl und in Email, und alles dies so vorzüglich, daß – wie er bescheiden lächelnd zu erzählen pflegte – ihm einmal dasselbe passiert war wie dem alten Griechen-Maler Zeuxis. – Als er das in Öl gemalte Porträt des Pastor Knöchel – wie *er* sagte: zum Trocknen, *andere* meinten: um doch einmal zu zeigen, was er könnte – in das offene Fenster gestellt hatte, geht der alte Glaser Bade vorüber, zieht den Hut und sagt: »Gu'n Morr'n, Herr Paster, wat makt Ehr leiwe Fru?« Woraus man entnehmen kann, daß entweder mein Onkel Herse ein großer Künstler oder der alte Glaser Bade sehr kurzsichtig oder auch

ein arger Schelm gewesen ist und daß sein Kompliment nicht dem Pastor Knöchel, sondern meinem Onkel Herse gegolten hat, der halb hinter dem Bilde versteckt, auf den Effekt lauerte.
Onkel Herse hätte uns wahrscheinlich auch gleich zum Malen verführt, wäre mein Vater nicht gewesen, der selbst ein ganz vorzüglicher Zeichner war, wie es seine Kreidestudien bewiesen, die er unter der Leitung Riepenhausens in Göttingen gemacht hatte. »Erst gehen und nachher tanzen«, war seine Meinung, und als ich ihm einmal einen in Rotstift und schwarzer Kreide nach meiner Meinung sehr schön ausgeführten Hund brachte und seiner Bewunderung schon gewiß war, fing er auf eine schreckliche Weise an, mit einem schwarzen Stifte in meine rote Couleur hineinzuarbeiten, so daß von dieser nichts mehr zu sehen, dafür aber auch die Zeichnung korrekt war – wie er sagte.
Diese Sicherheit meines Vaters und die farbigen Kunstleistungen meines Onkels versetzten mich nun in argen Zweifel, wer von beiden der größte Künstler sei. – Eines schönen Abends, als mein Onkel Herse ausgenieset hatte – er mußte nämlich des Abends immer niesen, wenn er etwas Weißes sah, und da nun gerade eine Tagelöhnerfrau mit weißer Schürze über den Markt ging, hatte er ihr Schritt vor Schritt mit seiner Nase das Geleite gegeben – also als er ausgenieset hatte, fragte ich ihn: »Unkel, wer kann beter malen, du oder min Vatter?« – Mein Onkel Herse nieste bei dieser Frage noch einmal, wahrscheinlich aus Bescheidenheit, und sagte endlich: »Hm! Hm! – Dat 's ok so 'ne dumme Frag'. – Dor

möst du dinen Vatter nah fragen.« – Ich hatte nun natürlich nichts Eiligeres zu tun, als zu meinem Vater zu laufen und ihm dieselbe Frage vorzulegen, worauf derselbe antwortete: »Onkel Herse.« – Mit diesem Bescheide kam ich wieder zurück und meldete ihn meinem Onkel. Er räusperte sich ein paar Male und sagte endlich: »Dumme Jung', wer hett di dat heiten? – Äwerst wenn hei dat sülwst seggt, denn ... « Der Schlußsatz ging verloren, denn die Tagelöhnerfrau kam zurück, und mein Onkel geriet wieder ins Niesen.

Es versteht sich nach allem diesem von selbst, daß wir die Zeichnenstunden gerne und auch mit wirklichem Nutzen besuchten; aber die liebste Stunde blieb uns immer die orthographische. Das wird manchem, der sich mit dem dehnenden h und e abgequält hat, unwahrscheinlich sein, aber – er hat auch keinen Onkel Herse zum Lehrer gehabt. Dieser warf in den bittern Kaffee der Orthographie so viel Zukker, daß er auch dem nicht daran gewöhnten Kindergaumen höchst lieblich schmecken mußte. Er diktierte nicht ein Häcksel von kurzen Sätzen, sondern uns zu Gefallen ward er in den orthographischen Lehrstunden ein Dichter, erfand einen vollständigen Roman mit allen möglichen Ingredienzien, mit Ausnahme der Liebe, die er, wahrscheinlich unseres kindlichen Alters wegen, ausließ.

Der Roman – der erste, den ich gekostet habe – war nach dem Helden »Waldmann« betitelt und fing ganz grade so wie die jetzt beliebten, in den nordamerikanischen Felsengebirgen spielenden mit einem Bären-Abenteuer an. Dieselbe Angst des Jä-

gers, dieselbe hartnäckige Verfolgung des Bären, dieselbe unwahrscheinliche Rettung. Nach dieser wird Waldmann von dem Jäger als nacktes kleines Kind unbegreiflicherweise in seiner Jagdtasche gefunden und wird mit der Zeit ein sehr ordentlicher Mensch. Mönche und Nonnen beeifern sich wechselweise, ihn sehr unglücklich zu machen, was ihnen nicht gelingt, weil Waldmann von einem Eremiten die Kunst erlernt hat, sich unsichtbar zu machen.
Weiter sind wir nicht gekommen, und daran war mein Vorwitz schuld: ich fragte meinen Onkel, wie er das wohl gemacht haben könnte. Um eine Antwort war Onkel nie verlegen, er sagte also kurzweg: die Leute hätten zu diesem Zweck Bilsenkraut geraucht.

Was hat mir diese Erklärung für Kopfzerbrechen gekostet! Die Sache schien mir höchst unwahrscheinlich, aber Onkel Herse hatte es gesagt, und seine Autorität antasten war in meinen Augen ein *crimen laesae majestatis*. – Aber dennoch! Ich beschloß, zu meiner Beruhigung einen praktischen Versuch zu wagen. Bilsenkraut kannte ich, es wuchs in Unmassen auf dem alten Bauhof; ich konnte mir leicht einige Blätter verschaffen. Aber das Rauchen! So ziemlich bei Todesstrafe war das Rauchen von meinem Vater verpönt, und wenn ich nun auch im Interesse der Wissenschaft es heimlich riskiert hätte, wie hätte ich für mich allein erfahren sollen, ob ich unsichtbar sei oder nicht?

Ich entschloß mich also, den Versuch mit unserm alten Friedrich zu wagen. Unter dem Vorwande, ihm eine Pfeife von meines Vaters Tabak zu stopfen, lud

ich ihm die Pfeife mit Bilsenkraut und stopfte darüber eine dünne Lage von meines Vaters Justus, brachte ihm dies heimtückische Gemisch in die Leutestube und setzte mich ihm gegenüber, ihn nun bald unsichtbar zu sehen.
Friedrich rauchte nun drauf los; die ersten Züge schmeckten ihm augenscheinlich sehr gut, ich saß vor ihm und blickte ihn unverwandt an wie ein Naturforscher, der ein großes Phänomen beobachtet, bloß mit dem Unterschiede, daß der Naturforscher meistensteils auf das *Erscheinen* von etwas *Ungewöhnlichem* wartet, ich auf das *Verschwinden* von etwas *Gewöhnlichem.* – Nun muß er sich durch die Tabakslage bald durchgeraucht haben, nun kommt er ans Bilsenkraut, nun mußte er bald verschwinden. – Aber der alte Friedrich rauchte durchaus sichtbar fort, schadet ihm nicht, unsichtbar muß er doch werden, wenn auch erst mit der Zeit. – Die Zeit sollte nicht kommen: Friedrich begann wiederholt kurz auszuspucken, er schnüffelte in dem Rauch umher, und plötzlich griff er über den Tisch herüber, packte mich mit einer Hand beim Rockkragen: »Verdammte Slüngel, wat hest du mi för Düwelstüg in de Pip stoppt?« und dabei suchte seine andere Hand mein Ohr. – Vergebens suchte ich zu entwischen, Friedrich hielt fest: »Wat hest du mi in de Pip stoppt?« – Endlich kam ich damit heraus: »Bilsenkrut.« – »Bilsenkrut? Wo? dat is jo woll gor swarten Deg'? – Willst du mi mit dat Tüg vergeben?«
Nun mußte denn von meiner Seite eine notgedrungene Erklärung meines Attentats erfolgen, und das Unglück wollte, daß mein Vater darüber zukam. Er

fragte, was hier los sei? und da ich im Bewußtsein meiner Schuld schwieg, erzählte Friedrich die Sache in seiner Weise und setzte am Ende hinzu: »Un nehmen S' nich äwel, Herr Burmeister, de Herr Ratsherr Hers' sett't de Gören blot Rupen in den Kopp. – August hett gistern de nigen Büxen mit Viktriolöl insmert, wil dat de Herr Ratsherr em dat Stock-Beizen dormit lihrt hett, Ernsten hett hei dat Klammer-Sniden bibröcht, un de sitt nu den ganzen Dag in 't Hauschuer un snitt Klammern un hett mi minen Frittbohrer wegbröcht, un des' lett mi hir swarten Deg' roken. Nix as Schelmenstücken lihren s' bi den Herrn Ratsherrn!«

Mein Vater beschwichtigte den Zorn des alten Friedrich mit einem Pfund Tabak, ich wurde aber zu einer genaueren Untersuchung abgeführt, und da meine einzige Entschuldigung darin bestand, daß ich auf Onkel Herses Autorität und auf seinen Roman hinwies, so verlangte mein Vater mein Manuskript des Waldmann zu sehen, welches er sofort sehr eifrig durchzulesen begann. – Dies ist der einzige Roman gewesen, den mein Vater meines Wissens in seinem Leben gelesen hat. Er erklärte ihn dann auch meiner Mutter gegenüber – wir Kinder durften dies natürlich nicht hören – für das dümmste Zeug, was er in seinem Leben gelesen, und Onkel Herse wurde ersucht, den Schluß zu unterdrücken, was er auch wahrscheinlich sehr gerne tat, da ich noch heute nicht begreife, wie er ohne Anwendung der gräßlichsten Spuk-, Gespenster- und Zaubermittel den wunderbar verfilzten und verknoteten Anfang hätte lösen können.

Mit der Romanschriftstellerei war's also nach einigen Wochen zu Ende; mit dem Turnen trat die Katastrophe nach der ersten Stunde ein.
Mein Onkel Herse hatte dunkle Gerüchte von den Bestrebungen des alten Turnvater Jahn gehört, und da ihm die Familie desselben bekannt war, er sich auch stets für allerlei Sport lebhaft interessierte und auch dem Tugendbunde – wie er zuweilen unter vier Augen versicherte – angehört hatte, so konnte das Turnen ihm nicht gleichgültig sein, und er beschloß, da er selbst zu dick zu der Ausübung dieser Kunst geworden war, in uns den Sinn für die neuerfundene Gymnastik durch praktische Übungen zu erwecken. Reck und Barren waren freilich meinem Onkel ganz unbekannt, dafür hatte er aber eine Leiter, die vor dem Kuhstalle stand und auf den Heuboden führte. Diese Leiter hatte er sich zu unsern gymnastischen Evolutionen ausersehen. Wir mußten an derselben auf der rechten und auf der verkehrten Seite herauf steigen, wir mußten rückwärts und vorwärts durch die Sprossen kriechen, mußten Hand um Hand an diesen Sprossen hinauf »handeln«, und alles ging so vorzüglich, daß Onkel in der Überfülle seiner Freude über den günstigen Erfolg seine »Tanten« rief, damit sie sich auch an dem Jugendspiel ergötze.
»Tanten« schüttelte aber mit dem Kopfe und sagte: »Unkel, dat sünd brotlose Künst! Un de Jungs warden sik dorbi noch de Knaken intwei breken un sik dat Tüg taunicht rangen, un du wardst dat mit de Burmeisterin tau daun kriegen;« und damit ging sie in den Garten.
»Tanten, wat du för Angst hest!« sagte Onkel, und

die Übungen wurden fortgesetzt. Nun sollte noch ein besonderes künstliches Stück ausgeführt werden; August und Ernst waren glücklich damit fertig geworden, aber mich als den Schwächsten – der ich damals nur, wie die Leute sagen: »en knendlich Kind« war – verließ die Kraft, und ich fiel von der Leiter, glücklicherweise in den weichen Kuhdünger. »Jung!« sprang mein Onkel Herse hinzu, »deit di wat weih?« – »Ne, Unkel, äwer min Hosen!« – »Lat man sin! Dat wischen wi di af.« – Zum Glück hatte ich ein Paar dunkelgrüne, aus einem abgelegten Rocke meines Vaters angefertigte Beinkleider an, und als Onkel mit einem Strohwisch das Gröbste abgewischt hatte, erklärte er: »'T is gor nich tau seihn. – Nu will'n wi äwer rin gahn. – Un dat keiner dorvon wat tau Tanten seggt.«
Dies war nun so weit ganz gut: zu *sehen* war nun auch eigentlich nichts; aber – aber – Tanten kam hinein, und Tanten roch etwas. »Wat Dausend! Wo rückt dat hier?« und dabei ging sie um den Tisch, an welchem wir höchst schweigsam und emsig mit Zeichnen beschäftigt waren, und roch uns alle an. – Tanten hatte eine sehr dünne und sehr feine Nase; aus der Laufbahn meines Onkels als Apotheker hatte sie die Vorliebe für Räucherkerzchen mit ins Ratsherrn-Leben hinübergenommen; auf ihrem Tische stand stets eine hellblaue Glasvase mit Rosen- und Lavendelblättern, und um ihren Hals schlangen sich Ambra-Perlen; was Wunder, daß sie mich endlich als den Verbreiter abscheulicher Düfte herausroch! Ich wurde schleunigst abgeführt, und mein lieber alter Onkel erhielt eine Strafpredigt, die ihm für

alle Zeiten den Unterricht in der Gymnastik verleidete.
Ob des alten Friedrich Ansichten über Onkel Herses Unterricht meinem Vater einen Floh ins Ohr gesetzt hatten, ob Waldmann ihn stutzig gemacht, oder ob er als Bürgermeister den Herrn *Ratsherrn* genauer von der genial inkonsequenten Seite kannte, die sich mit dem Lehrerberufe so schlecht vertragen soll, genug, auch diese Schule wurde für uns geschlossen und mit ihr die fröhliche Kinderzeit. Die Knabenzeit begann; ein salarierter *candidatus theologiae* wurde als Lehrer ins Haus genommen, eine strenge Disziplin eingeführt, und somit ging es denn mit starken Schritten in das ernste Leben hinein, mit welchem ich mich in dieser heiteren Schilderung nicht befassen mag, weil die Mitteilung seiner bittern Täuschungen mir die Stimmung verderben könnte. Nur die erste gestörte Illusion, die mir als Freude entgegentrat und mir schließlich einen übervollen Wermut-Becher reichte, mag hier als Beispiel vieler andern ihren Platz finden. – Mein Pate, Amtshauptmann Weber, besaß zwei Kleinode, von denen er sich nie trennte, seinen Jenenser Ziegenhainer und seine Schnupftabaksdose von gelbem Buchsbaum-Maser, ein Andenken von einem längst verstorbenen Freunde. Auf einem Spaziergange durch die Felder verlor er die letztere; zum Glück war ich sein Begleiter und wußte genau, welchen Weg wir genommen hatten: ich spürte also zurück und war so glücklich, die Dose zu finden. Die Freude des alten Herrn war mir unbegreiflich, da ich noch nichts von Andenken verstand und mit zehn Jahren noch keine längst verstorbenen Freunde ha-

ben konnte; er war aber so freudig bewegt, daß er mich verschiedentlich auf den Kopf klopfte: »Nee, wat denn, Fritz? Nee, wat denn? – Min Sähn, dat will ick di gedenken.« Nach einiger Zeit wurde ich denn zu ihm auf das Schloß beschieden, und mir wurden drei dicke Bücher als Fundgeld für diese Dose eingehändigt. Meine Freude war außerordentlich; jubelnd kam ich zurück und zeigte meinen dicken, dreibändigen Schatz meiner Mutter; der Titel wurde besehen; es war – erschreckt nicht, ihr Freunde meiner Jugend, die ihr unter der Wucht dieses Buches geächzt und geseufzt habt: es war Schellers Lexikon. Ja, diese Freude ist mir später gehörig versalzen, und die Schnupftabaksdose des alten Herrn Amtshauptmann wurde für mich eine Pandorabüchse, aus welcher über mein junges Haupt viel Kummer und Elend ausgeschüttet worden.

Über den Gesundheitszustand der Wissenschaften in meiner lieben Vaterstadt glaube ich nun genug gesprochen zu haben: es bliebe mir jetzt noch übrig, ein paar Worte über das Wohlbefinden der Künste in derselben hinzuzufügen. Es kann nur wenig sein, zumal ich die Zeichnenkunst und die Malerei schon in dem Vorhergehenden berührt habe.

Die Produkte der Baukunst lassen sich, nach dem berühmten Kirchenbau von 1790, in einigen neuen Wohnhäusern, Ställen und Scheunen leicht aufzählen; die Hauptgeschäfte dieser Kunst waren das von Zeit zu Zeit wiederkehrende Versohlen der Gebäude, das Ziehen neuer Schornsteine und das Ausbessern verwitterter Lehmwände. Die Leitung dieser

Bauten war zweien Maurermeistern und einer Zimmerfamilie anvertraut, welche letztere in dreien Brüdern, »Dick-Dohmstreich«, »Scheifback-Dohmstreich« und »Teckelbein-Dohmstreich« ihre Spitze fand. Zu diesen kam später noch »Hanne Dohmstreich junior«, dessen ich hier nur deshalb Erwähnung tue, weil er die Stadt einmal in gerechte Freude und Bewunderung durch die Konstruktion eines »verzahnten Trägers« versetzte, der noch heute als Kunstwerk in dem Torwege eines Stavenhäger Mitbürgers gezeigt wird. Die monumentale Seite der Kunst ist meines Wissens nur einmal geübt worden: als Magistrat und Bürgerschaft beschlossen, die verschiedenen Torflügel der Stadt, die bisher an hölzernen Pfählen hingen, an steinerne Pfeiler zu hängen. Auch sie sind noch heute in ihrer ursprünglichen Gestalt zu sehen bis auf den einen, der restauriert werden mußte, weil er gleich im ersten Winter von einem Holzwagen umgefahren wurde, woran begreiflicherweise weniger die Ausführung des Bauwerks als die Ungeschicklichkeit des Fuhrmanns schuld hatte. Die plastische Kunst könnte ich eigentlich ganz überschlagen; denn was die »bürgerliche hölzerne Drechsler-Familie« Schwerdfeger, wie der Wiener sich ausdrücken würde, darin hervorbrachte, beschränkte sich auf stereotype »Kläterpuppen« und Steckenpferde; aber vielleicht verdient es der Erwähnung, daß »Pötter Böttcher« ein Kunstwerk dieser Art geliefert hat. Nur *eines;* aber dieses *eine* war auch ein *Löwe*, der auf dem Tabakskasten des Herrn Rektor angebracht war und mir einmal scharfen Tadel eintrug, weil ich ihn für die wohlgetroffene

Büste des halbgeschorenen Pudels Philo ansah, der dem lustigen Doktor Weber gehörte und in allerlei Künsten so geschickt war, daß er zuweilen, wenn ihn und seinen Herrn die Stavenhäger Langeweile plagte, mit diesem zusammen eine Pfeife Tabak rauchte. Wenn ich von dieser Kunst nur höchst magern Bericht abstatten kann, so glaube ich hingegen den Dank der jetzigen Welt zu verdienen, wenn ich mich über die Anfänge jener Kunst, die in ihrer vollendeten Ausübung die Seelen rührt und in ihrer beginnenden Einübung die Nachbarschaft unsicher macht, eines breitern vernehmen lasse. Den riesigen Aufschwung, den die Musik auch in meiner Vaterstadt genommen hat, kenne ich und weiß ihn auch als zeitgemäß zu würdigen; aber wenn man glaubt, daß man mir heutzutage bei einem zufälligen Besuche in Stavenhagen durch Gesangvereine, Liedertafeln und ein paar Schock angehender Dreyschocks und Catalanis imponieren kann, so irrt man sich, denn ich sage mit Rabbi Akiba: Alles schon dagewesen! Wenn auch nicht in solcher Vollkommenheit. Was mich aber wirklich bestürzt macht, ist die erschreckende Zunahme von »*Instrumenten*« aller Art in meiner Vaterstadt, vom mächtigen Flügel bis zur bescheidenen Tafelform herab; und diese Bestürzung kann keinem auffallen, der, wie ich in meiner Jugend, das schwindsüchtige Elternpaar gekannt hat, von denen diese breitschulterige und vierschrötige Nachkommenschaft abstammt. Wenn das auf dem Wege der natürlichen Vermehrung so fortgeht, so sehe ich noch im Laufe dieses Jahrhunderts den Zeitpunkt heranrücken, wo die Stavenhäger Käm-

merei genötigt sein wird, zur Unterbringung aller dieser »Instrumente« vor den Toren musikalische Schuppen zu errichten und auf Stadtkosten die Elfenbeinzähne dieser maulaufsperrenden Gesellschaft täglich mit Zukunftsmusik abzufüttern.
Von mütterlicher Seite ist mir die mehr als Pilze, Mäuse und Sperlinge fruchtbare Familie der jetzigen »Instrumenten«-Generation sehr wohl bekannt, weniger von väterlicher Seite; denn der Urgroßvater derselben stand in Lohn und Brot beim Herrn Rektor und hatte stets ein schweigsames, verschlossenes Wesen, mit dem wir Kinder uns nicht unterhalten konnten; aber mit der Urgroßmutter, die, schwarzlackiert, bei Tanten Hersen in Pension war, haben wir Kinder vielen Spaß gehabt. Die alte Dame war freilich auch fast immer verstimmt und keifte zuweilen sehr arg mit dünner Stimme umher; aber wir Kinder kehrten uns nicht daran, wir waren vielmehr so dreist, ihr mit allerlei vorwitzigen Fragen auf den Zahn zu fühlen und dann die Wirkung zu belauschen, welche dieselben auf ihren ehrwürdigen, aber noch immer zartbesaiteten Busen ausübten. Ach! wie das darin trotz der Jahre noch immer sprang und hüpfte! – Sie hatte in der Mitte ihres Leibes einen roten Knopf; wenn man den anzog, dann ging sie – wie Onkel Herse sich ausdrückte – »doll« los, und da wir Kinder uns für das Toll-Losgehen sehr interessierten, so wurde so lange an dem roten Knopf gezogen, bis Onkel Herse es uns ernstlich verbieten mußte, weil es die alte Dame zu sehr in Aufregung versetzte und ihrer Konstitution schaden könnte. Obgleich weder Onkel noch Tante Herse sich mit ihr

abgaben, hielt sie es doch bei beiden lange Jahre in einem Zimmer aus und ging nur ab und an in die Nachbarschaft, z. B. bei uns, zu Besuch; es mußte aber ein kleincs Tanzvergnügen mit Punsch arrangiert sein, denn von beiden war sie eine große Freundin, trotz ihrer alten, wackeligen Beine.
Ihr bester Freund war der alte Zoch, der sie in günstige Stimmung zu versetzen verstand. Da erzählte sie denn manches schöne Stück aus alter Zeit; Onkel Hersc holte seine Violine von dem Nagel – auch eine Freundin der alten Dame – und dann begann ein Zwiegespräch, welches wohl vielleicht zuweilen etwas in Rechthaberei und Zänkerei ausarten mochte, aber im ganzen doch so heiter war, daß Onkel Herse und Zoch sich gedrungen fühlten, ihre heitere Laune und ihre sonoren Stimmen in dies Duo hineinzumischen, und dann ging's los:

»Nimm das Glas, begieß dich nicht!
Es leben schöne Kinder!
Und wer diesem widerspricht,
Das ist ein armer Sünder.
Sün – sün, sün, sün sün, sün . . .
Das ist ein armer Sünder.«

Außer diesen Stammeltern der jetzt so ausgebreiteten Familie gab's in der Nachbarschaft noch einen Flügel; aber er stand nicht auf Stadt-Grund und -Boden, sondern im Domanio auf dem Alten-Bauhofe und gehörte somit – strenge genommen – nicht in den Kreis unserer Betrachtungen: aber da er ein *merkwürdiger* Flügel war und der erste, den ich ge-

sehen habe, so werden meine Leser seine An- und Aufführung vielleicht entschuldigen.
Sein Äußeres sah ungefähr so aus, als ob ein dummer Junge unserm Herrgott nach der Feierabendzeit des sechsten Schöpfungstages die Giraffe in poliertem Birkenholz habe nachpfuschen wollen und habe aus Versehen die Beine, statt von unten, von der Seite zu eingeschroben. Außerdem hatte diese Kreatur noch eine bestimmte Ähnlichkeit mit »Teckel-Rektern«, da sie ebenfalls auf fünf Beinen stand. – Was ihr Inneres und ihre Fähigkeiten anbetrifft, so war sie entschieden dumm, denn sie ist nie über den Triangelwalzer hinausgekommen. Möglich, daß sie von dem Schöpfer ausdrücklich für den Triangelwalzer geschaffen worden ist; möglich, daß ihre natürlichen guten Anlagen vernachlässigt und nicht ausgebildet worden sind – so viel bleibt gewiß, daß sie trotz Schlagen, Pauken und Fußtreten nur den Triangelwalzer von sich gab, und das so schläfrig, daß sogar meine Tante Christiane es nicht einmal mit Weingläsern, von denen sie an einem Abend zwei Paare zerschlug, um den einfallenden Triangel zu ersetzen, vermochte, ihr ein lebendiges Interesse für die Kunst einzuflößen.
Geigen, Bässe, Klarinetten und Flöten gab es auch damals schon in Stavenhagen; und sollte der heiligen Cäcilia einmal ein Hochopfer gebracht werden, so wurden Hörner, Posaunen, Fagotts, Trompeten und Pauken aus den benachbarten Städten als milde Beiträge eingesammelt; für das gewöhnliche Bedürfnis genügte indessen der Lärm, den die vier zuerst genannten Instrumente machten. Diese bildeten Onkel

Herses Kapelle, mit welcher er in schönen Sommernächten mit hinterlist'ger Tücke nichts ahnende Hausbewohner überfiel, und wehe diesen! wenn sie nicht aus den Betten krochen und sich im Hemde und in der Nachtmütze für die köstliche Überraschung bedankten: sie bekamen nie wieder die bekannten Variationen zu: »Gestern abend war Vetter Michel da« zu hören, wenigstens nicht in so unmittelbarer Nähe.

Alles grade so wie jetzt bei den Gesangvereinen und Liedertafeln. Bei diesen Gelegenheiten spielte mein Onkel die Geige, wie er denn gewohnt war, bei *allen* Gelegenheiten die erste Violino zu spielen; den Baß traktierte für gewöhnlich Gust Heinze, der auch als entschiedenstes musikalisches Genie imstande war, alle übrigen Instrumente zu spielen, nur leider nicht alle mit einem Male zugleich, wodurch die Kapelle sehr vereinfacht sein würde. Die Klarinette blies der alte Zoch und die Flöte der Musikus Stürmer. Die Flöte war entschieden das *crève-coeur* meines Onkels als Dirigenten; er behauptete, Stürmer »stoppte« die Löcher nicht präzise genug, »äwer«, setzte er gutmütig hinzu, »hei kann dor ok nich för, tau ne richtige Fläut hüren teigen Finger, un hei hett man noch negen, den einen hewwen sei em dünnmals als Trumpeter afschaten.« – Für Triangel und halben Mond wurden dann noch Freiwillige aus dem Stande der Ladendiener aufgeboten, die es sich dabei sehr sauer werden ließen und bei jeder passenden oder unpassenden Gelegenheit als Flanqueurs mit den scharfen Tönen ihrer Instrumente auf die Ohren der Zuhörer einhieben.

Auf den Flügeln des Gesanges wiegte sich vor allen Gust Heinze, wie gesagt, ein Universalgenie, das sogar die Kühnheit hatte, den Herrn Rektor in Krankheitsfällen als Orgelspieler in der Kirche zu ersetzen und den Küster Voß als Leiter des Gesanges. Jung'-Metz – jetzt der »alte Metz« genannt – verstand seinen Gesang mit der Zither zu begleiten – oder war's eine Gitarre? Kann sein; ich glaube aber »Zither« – »Gitarre« wäre mir als vornehmer im Gedächtnis geblieben, sie ist also wohl nur eine Erinnerung aus meiner spätern *lyrischen* Lebensperiode. – Also »Zither«.

Ohne Zither, aber mit vielem Zittern und Tremolieren sang meine Tante Christiane uns des Abends auf der Bank vor der Haustür ihre lyrischen Empfindungen vor; ich erinnere mich noch deutlich, welchen ernsten, sentimentalen Eindruck es auf mich machte, wenn sie anhob:

»Komm, Lina, komm! Im Dunkeln
Sieh, wie die Sterne funkeln
– – – – – – – – – – – – – – –
– – – – – – – – – – – – – – –
Und stolz durchschwimmt der Schwan
Den blauen Oze-ahn.

Die letzten Worte sang sie stets so, wie ich geschrieben habe; warum weiß ich nicht, der Grund dafür mag wohl in dem Tonsatz liegen, von dem ich gerne bekenne, nichts zu verstehen. Aber Tante Christiane begnügte sich nicht allein mit dem lyrischen Vortrag: sie stieg in einem Terzett, welches sie mit nachgemachten Stimmen im Baß, Alt und Diskant oder –

wie wir sagten – »fin un groww« vortrug, zu den höchsten Regionen des dramatischen Gesanges empor. Personen: Ein Offizier, die Pförtnerin eines Klosters, die Priorin.

1. Szene

Pförtnerin (fin)::
Wer klopft da?

Stimme von draußen (groww):
Ein Offizier ------

Pförtnerin (fin):
Herr Offizier, nur nicht so kühn
Vor unsern Klostermauern!
Sonst geh ich zu der Priorin,
Dann werden Sie's bedauern.

Stimme von draußen (groww)::
Oh, sputet Euch und geht nur hin
Zu meiner Bas, der Priorin,
Und meld't mich!

2. Szene

Pförtnerin (fin):
Priorin, hören Sie mich an,
Ihr Vetter läßt sich melden,
Es ist ein ganz charmanter Mann,
Das Muster eines Helden.

Priorin (halw fin, halw groww):
Oh Gott! Oh Gott! Mir wird schon bang,
Der gute Vetter wartet lang.

Pförtnerin (fin):
Da kommt er!

3. Szene

Offizier (mit rücksichtsvollster Verbeugung, groww):
Gegrüßet sein Sie mir, Frau Bas'!
Sie werden mich nicht kennen,
Bis daß ich Ihnen ohne Spaß,
Mein'n Namen werde nennen.

Priorin (halw fin, halw groww):
Ihr Name?

Offizier (groww):
Mein Nam' ist Hans von Pulverrauch.

Priorin (halw fin, halw groww):
Von Pulverrauch? So heiß ich auch.

Offizier (groww):
Das freut mich.
– – – – –

Weiter sang meine Tante diese Oper niemals; meine Mutter litt es nicht, wahrscheinlich, weil – wie ich mir später nachgedacht habe – das Gericht durch das nun folgende Anstreuen von Liebessalz und -gewürz für unseren kindlichen Gaumen zu pikant geworden wäre: Tante Christiane war übrigens auch die Richterin über unsere kindlichen musikalischen Bestrebungen. Über meinen Vetter Ernst, meine Schwester Lisette und mich brach sie ohne Bedenken den Stab und prophezeite, aus uns würde in dieser Richtung nie etwas werden; meinem Vetter August stellte sie jedoch ein glänzendes Prognostikon als zukünftigen Sänger. Mit Bedauern muß ich eingestehen, daß in betreff auf uns drei Verdammten ihre Prophezeiung vollständig eingetroffen ist; aber mit größerem Bedauern muß ich berichten, daß auch mein Vetter August statt Opernsänger *nur* Pastor geworden ist. – Die Familie Reuter aus Stavenhagen rangiert vollständig mit den Familien Crull und Loeper in Neubrandenburg, von denen mein genialer Freund und kompetenter Richter in musikalischen Dingen, Herr Kantor Richter, den niederschmetternden Ausspruch getan hat: »Kein Leper und kein Grull singt.«

Wenn ich mich nun aus den glänzenden Höhen der musikalischen Kunst in die bescheidene Region der dichterischen hinabstürze – ich gebrauche ausdrücklich dieses Wort statt »hinabsteigen«, weil dies letztere für die Zeit nicht mehr paßt, wie man leicht aus dem Abstand des Gehalts berechnen kann, welches der Staat einer Opernsängerin zahlt, und dem Honorar, welches der Buchhändler dem Dichter offeriert – wenn ich mich also hinabstürze, so falle ich in Stavenhagen auf einen höchst unfruchtbaren Boden. Ist es wahr, daß der Herr Rektor einmal mit Hülfe seines Reimlexikons ein hochdeutsches Gedicht verfaßt hat? Ich weiß es nicht, und wenn ich's wüßte, möchte ich's gerne verschweigen; ich möchte nicht gerne den Ruhm, der *erste* Dichter Stavenhagens zu sein, einbüßen: aber – aber! Wie alles, was ich bisher hier geschrieben habe, lautere Wahrheit ist, so will ich auch in diesem Falle meine Eitelkeit der Wahrheit zum Opfer bringen: Frau Tiedten ist der erste Dichter von Stavenhagen, und zwar wie ich – ein plattdeutscher. Er war Schneiderwitwe und Nähterin, und wenn er dichtete, nähete sie, und wenn sie nähete, dichtete er. Sie hatte sich eine Aufgabe gestellt, die heutzutage so leicht kein Dichter lösen wird, nämlich die Einwohner unserer Stadt, ihre Berufsgeschäfte und nachbarlichen Beziehungen in kurzen Schlagversen zu behandeln. Es ist nur ein kleines Bruchstück, welches von mir aus dem Zeitenstrudel gerettet ist; aber dies soll der Welt gerettet sein, und hier steht's:

Susemihl kickt ut de Luk,
Spormann, de giwt em ne Kruk.
Pros't! seggt Sohst,
Schön Dank! seggt Bank.

Außer dem Nachahmungstrieb, dieser Affeneigenschaft im Menschen, welcher mit Recht die größte Anzahl aller poetischen Sünden in die Schuhe zu schieben ist und welche auch mich verführte, Frau Tiedten nachzueifern, begeisterte mich zuletzt zur Ausübung der Dichtkunst nicht etwa eine Lina oder Mina oder Stina oder eine Rosalia, Natalia oder Amalia, sondern ein Gänsejunge. Die erste Hälfte meines ersten Reims begann ganz hübsch mit »Rosen«; aber statt nun vernünftigerweise »losen« oder noch besser »kosen« darauf zu reimen, mußte mir des Herrn Amtshauptmanns Gänsejunge in die Quere kommen, der angewiesen war, die abgeworfenen Federkiele der Gänse zu sammeln, da der Amtshauptmann nur mit Sommerposen schrieb, und ich reimte im zweiten Verse »Posen« darauf. Ich fand diesen ersten Reim auf einer sogenannten Wipp-Wapp, auf welcher ich mich mit Karl Nahmacher schaukelte, ich dichtete:

»Im Frühlinge blühen die Rosen«,

welches schon schlecht war, da es eine klimatische Unwahrheit enthält, und als mir der Gänsejunge zu Gesichte kam, der seine gesammelten Sommerposen rings um den Hut gesteckt hatte, so daß er mehr einem indianischen Kaziken als einem mecklenburgischen Tagelöhnerkinde ähnlich sah, hinkte der zweite Vers nach:

»Im Sommer verlieren die Gänse ihre Posen.«

Aller Anfang ist schwer, wie der Teufel sagte, als er sich mit Mühlensteinen trug, und das Dichten ist eine wahre Pferdearbeit, wie einer meiner mecklenburgischen Kollegen sagt; ich gab diese Anstrengung also bald auf und wandte alle meine Lieb' und Lust der fröhlichen Muse des Tanzes zu.

Welche Zeit ist so finster, welcher Ort so verkommen, daß nicht wenigstens in ihnen mit allen Sorten von Beinen, männlichen und weiblichen, getanzt worden wäre? Auch in Stavenhagen zog in jährlichen Intervallen ein oder der andere Hohepriester Terpsichorens ein. Der eine von ihnen hieß Wurm, ein Schneidergeselle, und ist schon lange verschollen, aber sein Andenken lebt noch in dem Tanzmeistergraben in der Pferdekoppel fort, in welchen er einmal spät abends hineintanzte. Der Graben und er haben bei dieser Gelegenheit gegenseitig Höflichkeiten ausgetauscht: er schenkte dem Graben seinen Namen und der Graben ihm ein anderes, ebenso wohlriechendes Andenken.

Nach ihm kam Herr Fischer, der sich bald austanzte, weil einige Böswillige in der Stavenhäger Bürgerschaft hartnäckig behaupteten, er sei gar kein ordentlicher Tanzmeister, sondern nur ein weggelaufener Goldschmiedsgeselle. – Nach diesen beiden kam Herr Stengel, der das Glück hatte, sich zu behaupten, weil seine Herkunft und Geschichte gänzlich unbekannt und die Wahrheit des Gerüchtes, er sei ein weggelaufener Buchbindergeselle, nicht nachzuweisen war. Herr Stengel führte Frau und Schwägerin mit sich, teils als Prügelobjekte, teils weil sie ihm sein täglich Brot und Schnaps verdienen mußten. Ihn selbst hatte Gott in seinem Zorn zum Tanzmeister gemacht. Seine Füße waren zum Lehmkneten in einer Ziegelei geschaffen, und wenn er über die Straße ging, sah er aus wie ein Wollhändler, der sein Mittagessen im Gehen verdauen will, um nicht in die Hände von Marienbad und Karlsbad zu fallen; seine Schweißlöcher hatten den doppelten Durchmesser als bei gewöhnlichen Menschen, und die Schweißströme, die er in der Ausübung seiner Kunst vergoß, waren, gegen die Schweißtropfen anderer Leute gehalten, Wolkenbrüche zu nennen und mit seinem einzigen seidenen Tuche – dem ersten, welches Stavenhagen bisher gesehen hatte – nicht zu stopfen. Seine Tanzstunden gab er in unserem Hause auf dem Rathaussaale, und wenn er *tempête* tanzte, schütterten die Grundfesten dieses Gebäudes. Ein wahres Glück war es, daß der Magistrat, der Stadtsprecher, die Viertelsleute und Ausschußbürger keine Tanzstunden mehr nahmen oder zugegen waren, sie hätten ihn gewiß wegen Ruins an städtischen Grundstücken zur Verantwortung gezogen.

Außerordentliche Mühe kostete es meiner Mutter und Tante Christiane, meinen Vater von der Nützlichkeit der Tanzstunde zu überzeugen; er wehrte sich hartnäckig gegen solche Anmutung, und endlich blieb den beiden Petenten nichts anderes übrig, als an die Entscheidung des Herrn Amtshauptmann Weber zu appellieren. Dieser sollte in der Teestunde, die er nie versäumte, seine Meinung abgeben.

Die Teestunde kam und auch der Herr Amtshauptmann. Da ich wußte, um welche wichtige Frage es sich handelte, blieb ich in hochklopfender Erwartung im Zimmer. Das *pro* wurde von meiner lieben Mutter mit aller Erregtheit eines lebhaften Wunsches vorgetragen, das *contra* mit einer grämlichen Verdrießlichkeit von meinem Vater dagegen gehalten, Tante Christiane intervenierte zugunsten meiner Mutter, und der Herr Amtshauptmann sah die Sprechenden ruhig an, ohne etwas zu erwidern, bis der Streitpunkt vollständig erschöpft war. Dann wandte er sich an meinen Vater: »Min Herzenskindting, Danzen is en spaßigen Kram. Nee, wat denn?« Und

zu meiner Mutter: »Mein Herzenskindchen, ich habe auch einmal in meinem Leben Tanzstunden gehabt, dat seihn Sei mi woll nich mihr an? Nee, wat denn? – Nee, lachen Sei nich doräwer! Aber dieser Tanzmeister – Stengel heit jo woll de Kirl? . . .«
Es ward an die Tür geklopft – »Herein!« –, und das Unglück wollte, daß Herr Stengel hereinkommen mußte, um mit meinem Vater über das Lokal zu sprechen. Der Herr Amtshauptmann kannte den Tanzmeister nicht, und da Vorstellen damals in Stavenhagen noch nicht Mode war, der Amtshauptmann es auch sehr übel genommen haben würde, wenn ihm die Bekanntschaft eines Tanzmeisters aufgedrungen worden wäre, so blieb er über die Person des Eingetretenen in Unkenntnis und setzte seine Unterhaltung fort: »Aber dieser Tanzmeister – Stengel heit jo woll de Kirl? –, de infame Kirl sall jo woll sin Fru slagen?«: Meine Mutter zupfte ihn an dem Rocke. – »Will'n Sei wat, min Herzenskindting?« – Tante Christiane trat ihm auf den Fuß: »Wat pedden Sei mi, min Herzenskindting? – Ja – wie gesagt – hei sall sin Fru slagen.«
Da der alte Herr nun sehr taub war, ihm also nichts zugeflüstert werden konnte, so blieben Augenwinken, Rockzupfen und Fußtreten die einzigen Verständigungsmittel; aber solche hinterlistige Mittel kannte die ehrliche Seele meines alten Paten nicht: »Was heißt dies? Hier werde ich gezupft, und da werde ich getreten? . . .« Mein Vater war währenddessen mit dem Herrn Stengel in ein Nebenzimmer gegangen, und meine Mutter sagte, als die Luft rein war: »Aber Herr Amtshauptmann, das *ist* ja der

Tanzmeister Stengel!« – Der alte Herr sah meine Mutter an, er sah Tante Christiane an: »Ja, *das* ist denn eine andere Sache! – Äwer, min Herzenskindting, ick will den Kirl doch mal eins de Wohrheit seggen.«
Damit erhob er sich, trotz alles Protestierens von seiten Tante Christianens, und folgte dem Tanzmeister ins Nebenzimmer: »Seggen Sei mal, Fründting«, redete er ihn an, »sünd Sei de Danzmeister, de Stengel?« – Herr Stengel stellte seine ungeschlachten Füße in irgend eine höfliche Position, beugte seinen plumpen Oberkörper nach vorne und fing an zu schwitzen, wahrscheinlich, weil die Beugung nach vorne seine Rückenhaut ausdehnte und die Schweißlöcher öffnete. Er stotterte eine ihm nicht geläufige bescheidene Höflichkeit hervor, denn für gewöhnlich war er grob, wie – nun wie – wie – ein Tanzmeister. – Der Herr Amtshauptmann verstand natürlich nichts von seiner Rede und fuhr ruhig fort: »Also sie sind dieser Stengel? – Denn sünd Sei einen rechten legen Kirl, wil Sei Ehr Frugenslüd' slagen.« – Herr Stengel schwitzte stärker. – »Wenn Sei dat Stück noch mal in Stemhagen upführen, denn warden Sei ruter bröcht. Ick heww as Großherzoglicher Beamte hier in de Stadt nix tau seggen; äwer hir steiht de Herr Burmeister, ick weit, hei litt dat nich, hei litt so'n Skandal in seine Stadt nich. – Nee, wat denn, min Herzenskindting?« wandte er sich an meinen Vater, »Sei laten em ruter bringen.«
Mein Vater sagte: der Herr Amtshauptmann habe ganz recht, die armen Frauensleute des Herrn Stengel hätten in der vorigjährigen Tanzperiode ver-

schiedene Male polizeilichen Schutz nachsuchen müssen, und er hätte ihm schon damals Konzessionsentziehung angedroht und würde diese Drohung eintretenden Falles gewiß ausführen. – Herr Stengel schwitzte, daß er zu dem seidenen Taschentuche seine Zuflucht nehmen mußte. – »Mann«, redete der alte Herr ihn wieder an, »wo känen Sei glöwen, dat ordentliche Lüd' ehr Kinner – so'n – so'n –« zu meinem Vater: »so'n Tyrannen, min Herzenskindting, will ick seggen – anvertrugen sälen, de sine eig'ne Fru sleit? – Äwer, min Herzenskindting, wenn hei dat verspreken deit, dat hei sei hir nich wedder slagen will, denn ist das eine andere Sache; denn gewen Sei em Ehre Kinner ok in sine Danzschaul. Hei süht just nich ut, as wenn hei sülwst wat nütz danzen kann; aber man kann sich irren, es sieht mir auch keiner an, daß ich einmal getanzt habe. Nee, wat denn?« – Damit war die Sache erledigt, Herr Stengel versprach, seine Damen in Stavenhagen nicht mehr zu prügeln, und mein Vater gab für uns seine Einwilligung zu den Tanzstunden.

Die Verlegenheiten meiner Mutter und Tante Christianens, in welche sie die Offenherzigkeit meines würdigen Paten stürzte, sollte indessen in dieser Teestunde noch nicht ihr Ende erreichen. Als der Tanzmeister und mein Vater fortgegangen waren, ging der Stadtdiener Luth an der geöffneten Tür vorbei über den Flur. Luth war wegen seines raschen, entschlossenen Wesens ein Liebling des alten Herrn ; er rief ihn an: »Oh, min leiw Luth, kam Hei hir mal en beten rinner! – Segg Hei mal, Luth, sleit de Kirl, de Danzmeister, sine Fru würklich so vel?« – »Ja, Herr

Amtshauptmann, wenn ick dor nich mang kamen wir, denn hadd hei sei vergangen Mal jo woll dot slagen. – Dat wir binah so kamen, as de Lüd' sik vertellen, dat Klempner Belitz tau unsen Herrn Paster seggt hadd: Herr Paster, Sei slagen Ehr Fru, un ick slag min Fru, un Släg möten s' ok hewwen, äwer wat tau dull ist, ist tau dull; Nahwer Schult hett sin dot slagen.« – »Hm! Hm! Das ist ja eine vertrackte Sache! – Na, min leiw Luth, paß Hei den Kirl en beten up, un wenn Hei was markt, denn mell Hei dat glik den Herrn Burmeister.« – Zu meiner Mutter: »Wir wollen doch sehn, mein Herzenskindchen, ob der Kerl wohl Wort hält.« – »Ick will em woll up den Deinst passen, Herr Amtshauptmann«, sagte Luth und ging.

»Min Herzenskindting«, setzte der alte Herr wie immer sehr laut die Unterhaltung fort, »dese Luth is einen fixen Kirl; nee, wat denn? Wenn de Burmeister den Luth nich hadd, denn wüßt ick wahrhaftig nich, wo hei dor mit dörchfinnen süll, denn mit sine beiden Ratsherrn is doch würklich kein Staat tau maken.« – Meine Mutter geriet in Todesängste, denn gerade gegenüber von der geöffneten Tür saß mein Onkel Herse, ebenfalls bei offenen Türen, und nahm in der Eigenschaft als Ratsherr die städtische Kontribution in Empfang; sie nahm also wieder ihre Zuflucht zu dem Mittel des Rockzupfens und Augenwinkens, Tante Christiane zu dem des Fußtretens. Der Herr Amtshauptmann sah sie beide etwas ungewiß an und sagte: »Ick red' jo nich mihr von den Danzmeister, ick red jo man von de beiden Ratsherrn. De ein von ehr, de olle Kopmann Susemihl, is

en Däsbartel un de anner, de Ratsherr Hers' –« Nun sprang meine Tante Christiane auf und zeigte, des Herrn Amtshauptmanns Arm ergreifend, auf die geöffnete Tür. Der alte Herr wurde bei dieser etwas heftigen Berührung ganz verdutzt aussehen: »Fräulein Oelpke, was packen Sie mich?« und ebenfalls auf die Tür zeigend: »Ich weit jo, de Kirl, de Danzmeister is jo weggahn – aber wie gesagt, des' Ratsherr Hers' is en wohren Hans Quast.«
Das Unglück war geschehen, Onkel Herse mußte alles Wort für Wort gehört haben, meine Mutter und Tante Christiane waren in tödlichster Verlegenheit, die Unterhaltung geriet ins Stocken; der Herr Amtshauptmann merkte endlich, daß irgend etwas Unbehagliches in die sonst so heitere Teestunde gefallen war, er nahm Hut und Ziegenhainer und empfahl sich. Als er auf den Flur kam, sah er die volle körperliche Wucht meines Onkels Herse hochgeröteten Antlitzes vor sich stehen. Nun mochte ihm wohl ein Licht über das Winken und Zupfen, Treten und Fingerzeigen aufgehen; aber »wie Graf Richard in der Normandie erschrak er in dem Leben nie«, er wandte sich an den Herrn Ratsherrn: »Min Herzenskindting, hewwen Sei hier all lang stahn?« – »Ja«, schnaubte ihn Onkel Herse wütend an. – »Dann empfehle ich mich Ihnen, Herr Ratsherr!« und damit ging er.
Aber nun brach Onkel Herse in Gestalt eines »Bullkaters«, wie man im Plattdeutschen ein gehöriges Gewitter zu nennen pflegt, mit Donner und Blitz in der Stimme und im Auge, auf die unschuldigen Zuhörerinnen der amtshauptmännlichen Beleidigun-

gen ein. Da stand er auf der Türschwelle, reckte die Arme vor sich hin und schlug mit den Händen Rad auf Rad, wie ein gereizter Kuhnhahn es mit dem Schweife schlägt; die ersten verständlichen Worte waren: »Fru Burmeistern, de oll Amtshauptmann is en grawen Swinegel!« – Meine Mutter versuchte es, seinen Zorn zu beschwichtigen; aber vergebens, der »Bullkater« mußte sich erst entladen, und erst nach vielen vergeblichen Bemühungen von seiten meiner Mutter, ein Stückchen blauen Himmel in seinem verfinsterten Gemüte heraufzubeschwören, zog er sich dumpf grollend auf den Horizont der Gerichtsstube zurück, von wo er über den Häuptern der Kontributspflichtigen den ganzen Abend aufs schrecklichste wetterleuchtete.

Den Tag darauf trat Fritz Sahlmann in Tante Hersens Tür: »Empfehlung von Mamsell Westfalen up den Sloß, un schickt de *Fru* Ratsherrn hier en fetten Kuhnhahn.« – Drei Tage darauf kam mein Vater zu dem *Herrn* Ratsherrn, es solle eine große Auktion im Großherzoglichen Amt zu Lehsten abgehalten werden, und da der Herr Amtshauptmann nicht jeden dahin schicken könne wegen der Größe des Objekts, der Herr Ratsherr auch in der ganzen Umgegend bekannt sei als der rechte Mann, der als Auktionator durch seinen eigentümlichen Humor auf die Kauflust höchst vorteilhaft einwirken könne, so fragte der Herr Amtshauptmann, ob der Herr Ratsherr ...

Der Herr Ratsherr hatte an diesem Mittage den halben Kuhnhahn verzehrt und war in günstiger Stimmung, behauptete aber dennoch: »en grawen Swinegel wir de Herr Amtshauptmann doch!« Mein Vater gab die Richtigkeit des Adjektivums mit Modifikationen zu, bestritt aber das Substantivum höchst ernstlich, und da mein Onkel der andern Hälfte des Kuhnhahns dankbar gedachte, auch des Schillings pro Taler, der bei der umfangreichen Auktion für ihn abfiel, schluckte er den »Hans Quast« hinunter, gab den »Swinegel« auf und rechtfertigte seinen Ruf als humoristischer Auktionator dadurch, daß er die Auktion mit den Worten eröffnete: »Meine Herren, sehn Sie hier! Diana, ein Fuchswallach mit vier weißen Hinterfüßen.«

Die Tanzstunde war also eröffnet, Herr Stengel trampelte mit gewichtigem *aplomb* seine *pas* ab, er tanzte und schwitzte uns vor, seine Frau war mit den jungen Damen beschäftigt, und seiner armen Schwägerin war das undankbare Geschäft überwiesen, in hockender Stellung uns die Beine zurecht zu setzen. Wußte sie nun vielleicht schon, daß ihr Wohl und Wehe gewissermaßen auch von meinen Beinen abhing, sie ging mit ihnen sehr schonend um, obgleich sie sich viel mit mir beschäftigte. Trotzdem habe ich nichts gelernt, wie mir dies die Tanzfreundinnen späterer Jahre hoffentlich bezeugen werden, und wenn mir dies in den folgenden Jugendjahren auch zuweilen höchst unangenehm war und ich von den jungen Damen auf dem Tanzbogen nur als überschüssiger *galopin* angesehen wurde, der als Aushülfe in Petersilien-Nöten nützlich werden konnte, so habe ich doch immer durch alle Kränkungen verfehlter *engagements* das tröstliche Gefühl in mir getragen, daß ich schon in meinem ersten *début* zum

Benefiz zweier unglücklichen Damen getanzt habe, was wahrscheinlich viele ausgezeichnete Tänzer nicht von sich sagen können. – Meine Beine waren an den schlechten Erfolgen nicht schuld – ich bin, Gott sei Dank, noch heute mit ihnen zufrieden –, das Übel lag bei mir höher hinauf, in meinen Ohren: die schnödeste Taktlosigkeit verdarb jede zierliche Bewegung meiner armen, strebsamen Glieder, indem sie dieselben zur unrechten Zeit ein- und ausfallen ließ; und da ich glücklicherweise von diesem Übel nicht die geringste Ahnung hatte, so habe ich in gutem Glauben manches Jahr durchgehopst, bis mir endlich in jenen Jahren, in denen der blinde Knabe die *engagements* auf den Bällen vermittelt, schrecklich die Augen aufgehen sollten. Kein junges, irgend hübsches Mädchen wollte mit mir tanzen, weil sie sich lächerlich zu machen und sich dadurch die Tür zum Ehestandstempel zu verschließen fürchtete, und daher blieb für mich nur jene alte Garde übrig, die sich bisher auf keinem Ballschlachtfeld ergeben hatte, und jene noch nicht förmlich einrangierte Schar kleiner Tanzrekruten, die man im gewöhnlichen Leben Backfische zu nennen pflegt.

Als ich diese Erfahrung machte, schmerzte sie anfangs allerdings; aber als ich mir alles wohl überlegte, beschloß ich, meine Beine ferner zum Benefiz unglücklicher Damen forttanzen zu lassen, und niemals ist eine gute Tat besser belohnt worden: die alte Garde erklärte, ich sei für meine Jahre schon *sehr verständig*, und die kleinen Rekruten, ich sei für meine Jahre *noch* sehr *liebenswürdig*. Beides hat mir schöne Früchte getragen: verzweifelten die älteren

Damen auch bald daran, mir den Takt im Tanzen beizubringen, so führten sie mich doch in die Taktik einer pikanten Unterhaltung ein, und die kleinen Backfische eröffneten mir in ihrer Dankbarkeit einen ganzen Himmel voll Hoffnungen für die Zukunft; und da ich mein ganzes Leben hindurch töricht genug gewesen bin, die Hoffnungen auf die Zukunft dem Genusse der Gegenwart vorzuziehen, so ließ ich die sicher schon erhaschten Sperlinge aus der Hand fliegen und griff nach den kleinen unschuldigen Tauben auf dem Dache.

Ich muß aus diesem *excursus* wieder in den Tanz-*cursus* hinein. Wir lernten beim Herrn Stengel den Walzer, den Hopser, die Ecossaise, die Polonaise, die Quadrille, die Kegelquadrille, die Tempète und den Figaro. Als wir die gehörige Anzahl von Stunden durchgetanzt hatten, wurden wir für reif erklärt, uns öffentlich auf dem Kinderballe sehen zu lassen, die kleinen Mädchen in weißen Kleidern und grünen Achselbändern und Schärpen, die Jungen in beliebigen Farben, aber nach Herrn Stengels ausdrücklicher Bestimmung alle im Leibrock. Das heißt alle bis auf meine Vettern und mich, die wir in kurzen Jakken erschienen, weil mein Vater entschieden erklärte, er wolle seine Jungen nicht vor der Zeit zu Affen herausputzen lassen. Überhaupt drängten sich jetzt wieder allerlei wichtige Streitfragen in unsere Häuslichkeit; mein Vater war gegen Leibrock und gegen Ball, meine Mutter für Ball und gegen Leibrock, und Tante Christiane für Ball und für Leibrock. Endlich wurde unter Vermittelung meiner guten Mutter zwi-

schen den beiden Meinungspolen folgender Kompromiß geschlossen:
Artikel 1. Der Ball soll besucht werden,
Artikel 2. aber in kurzer Jacke.
Artikel 3. Da der Bürgermeister Reuter überhaupt keine Bälle besucht, dieselben vielmehr für einen höchst unnützen, sogar unter Umständen für einen höchst schädlichen, jedenfalls für ihn höchst langweiligen Zeitvertreib erklären muß, so geht er für seine Person *nicht* zu Ball.
Artikel 4. Seine Frau ist wegen Krankheit ebenfalls von dem Besuche des Balles dispensiert.
Artikel 5. Tante Christiane übernimmt die Führung und steht für alle Exzesse.
Artikel 6. Jeder jugendliche Ballgast erhält außer dem Eintrittsgeld noch 2 gute Groschen preußisch Kurant, wofür sich derselbe in gemessenen Zwischenräumen von Tante Toll zwei Mandelmuscheln, das Stück zu einem Schilling, kaufen darf. Den noch übrig bleibenden Groschen sollen je zwei zusammen legen und dafür ein Glas Punsch kaufen dürfen, welches sie wegen gleicher Teilung unter Aufsicht von Tante Christiane austrinken.
Artikel 7. Tante Christiane kann Tee in unbeschränkten Massen trinken, auch darin so viel Zwieback tunken, als ihr Herz wünscht.
Artikel 8. Punkt 10 Uhr findet sich die Gesellschaft im Rathaus zu Stavenhagen wieder ein.
Der letzte Artikel war in seiner Ausführung der schlimmste. Wir hatten schon eine dunkele Vorstellung davon, daß Tante Christiane unmöglich die volle väterliche Gewalt über uns ausüben würde; das

halbe Glas Punsch hatte uns mutig gemacht, und ohne grade in offene Rebellion auszubrechen, suchten wir doch ihr die Ausführung des letzten Artikels unmöglich zu machen. Beim Schlage 10 Uhr hüpften wir wie ein Haufen Flöhe auseinander und versteckten uns in allen möglichen Ecken. Das ging nun wohl eine Weile ganz gut; mit Tante Christiane wurden wir wohl fertig, denn wenn sie den *einen* Ausreißer gefaßt hatte und den *andern* suchte, riß der erste wieder zugunsten der übrigen aus: aber leider hatten wir den Hauptpaziszenten des Ballvertrages, meinen Vater, außer acht gelassen. Dieser hatte ebensogut wie wir die Uhr schlagen hören und ging unruhig und ärgerlich in seinem Zimmer auf und nieder: »Hm! Hm! Es ist doch immer die alte Leier! Auf Christianchen ist doch gar kein Verlaß! Die Dienstboten schlafen schon alle« – so war's damals – »ich muß am Ende selbst hin . . .« Da knarrte der alte Nachtwächter Hirsch halb elfe vor der Tür, mein Vater öffnete das Fenster: »Oh min leiw Hirsch; *ein* Wurt!« – Hirsch kam. »Min leiw Hirsch, gah Hei mal glik hen nah Tolls un segg Hei de Mamsell, sei süll mit de Kinner tau Hus kamen, un wenn sei dor nicht mit farig warden süll, denn help Hei ehr dorbi. Hei steht mi dorför, dat sei all glik mitkamen.« Hirsch ging, und wir tanzten.

Hirsch traf unterwegs auf seinen Kollegen Netzband, der das Horn für die vollen Stunden führte; Netzband war eine gute, durstige Seele, in der die Idee zu keimen anfing, es könne durch seine Kehle bei einem offiziellen Ballbesuch irgend etwas Nasses hinunterträufeln. Er schloß sich also seinem Kollegen an, und plötzlich erschienen die beiden Nachtwächter auf der Schwelle des Saales. Mit gerechter Entrüstung wurden sie von einigen Eltern anständig gekleideter Kinder gefragt, wie sie es wagen könnten, in ihrer etwas von Zeit und Wetter mitgenommenen Berufskleidung in solcher Gesellschaft zu erscheinen. Aber Hirsch und Netzband waren schon zu oft auf dem Kampfplatz von Knechts- und Gesellenbällen in ihrer Eigenschaft als nächtliche Ruhestifter erschienen, als daß der Apparat eines friedlichen Kinderballes imponieren konnte, auch fühlten sie, daß mein Vater, wenn auch 200 Schritte entfernt, immer hinter ihnen stand; sie traten also der allgemeinen Entrüstung mit der ruhigen Erklärung entgegen: Sei wullen die Mamsell ut den Rathus' spreken un süllen den Herrn Burmeister sin Gören halen.

Ich stand grade als Kegel in der Kegelquadrille, als mein *fidus Achates*, Karl Nahmacher, zu mir heransprang: »Fritz, lop weg! Hirsch un Netzband sünd dor un willen di gripen.« – Ich befolgte den treuen Rat, brach aus dem Pferch der Quadrille, wurde aber von Herrn Stengel aufgefangen, der mich mit Gewalt auf meinen bevorzugten Platz zurückführen wollte. Hirsch, aufmerksam gemacht durch das entstandene Geräusch, trat hinzu und legte ebenfalls Hand an mich; der Tanzmeister wollte seinen Kegel, der Nachtwächter »den Herrn Burmeister sinen Jungen« haben, und so begann um meinen jugendlichen Leichnam ein Kampf, in welchem das Streitobjekt natürlich am meisten leiden mußte, in welchem Hirsch aber siegte. – August war in einer andern

Quadrille von der Seite einer schönen Partnerin durch Netzbands unerbittliche Hände gerissen. Ernst und Lisette hatten durch ihren Austritt eine dritte und vierte Quadrille in Inaktivität versetzt, und Herr Stengel lief in Wut und Verzweiflung umher; sein Paradepferd, die Kegelquadrille, lag im Graben.

Wir wurden nun unter allgemeinem *éclat* abgeführt, Tante Christiane ging weinend in unserer Mitte; sie fühlte tief die Niederlage, welche ihre Autorität durch die Einmischung der Nachtwächter erlitten hatte, und »wat nu woll de Lüd' dorvon reden würden!« und »dor sünd blot de beiden ollen Jungs, August un Fritz, an schuld!« – Puff! puff! kriegte August einen – Puff! puff! kriegte ich einen Stoß in den Rücken, als wir über den Markt gingen. – Von dem väterlichen Empfang will ich weiter nichts sagen – genug, daß uns erklärt wurde, da wir Artikel 8 des Vertrages verletzt hätten, sollten wir nie wieder zu Ball gehen, und daß Tante Christiane erklärte, *sie* würde nie wieder zu Ball gehen: durch Nachtwächter vom Balle geholt zu werden, wäre ihr doch zu stark!

Aber – wie das Sprichwort sagt – es wird nie so heiß gegessen, wie es aufgefüllt wird; es währte nicht lange, da waren Tante Christiane und wir wieder auf einem Balle, und zwar auf einem *Maskenballe.*

Diese Art Erheiterung verschaffte sich Stavenhagen in meinen Kinderjahren ziemlich oft zu meiner damaligen und auch noch zu meiner jetzigen Freude; es war schön! Es war *gar zu schön*, den Schuster und Schneider einmal als Raubritter zu sehen, den Ladenjüngling als österreichischen Offizier in schmutzigweißer Uniform, den Pfefferkrämer als menschenfressenden Karaiben oder Mohrenfürsten und den Ivenacker Wirtschaftsschreiber als Apollo, statt der Reitpeitsche die Leier in der Hand! Es war gar zu schön, eine ehrsame Bürgertochter als Gärtnerin, Fischerin, Vierlanderin im kurzen Röckchen bewundern zu können, eine Nähmamsell als Königin der Nacht, eine weitausschreitende, rotarmige, wohlgenährte Wirtschaftsmamsell als Diana, und meine Tante Christiane als Braut aus dem siebzehnten Jahrhundert!

Das ist jetzt alles vorbei! Stavenhagen hat Rückschritte gemacht; Stavenhagen seufzt unter der Last des Materialismus einerseits und unter der Last der Obligationen, Schuldverschreibungen und Wechsel, die ihm Gott durch sein Volk auferlegt hat, andererseits; Stavenhagen tritt nicht mehr aus sich heraus zu einer freieren Lebensanschauung; Stavenhagen bringt keine Raubritter und Menschenfresser, keine Vierlanderinnen und Königinnen der Nacht mehr hervor, keine Dianas und Apollos; Stavenhagen bringt keinen Maskenball mehr zustande! – Warum? Weil Stavenhagen alt geworden ist, weil der junge Mut der Unternehmungen fehlt, weil der junge Metz der alte Metz geworden ist und Wilhelm Clasen in seinem Leben keine Tante Toll werden wird!

Es ist bitter, so etwas eingestehen zu müssen, und wenn mich etwas in meinem Schmerze über das allmähliche Verschwinden der Maskenbälle trösten kann, so ist es eine armselige, philisterhafte Betrachtung darüber, daß jetzt die Familien mit der Aufregung, die *vor* einem Maskenball einzutreten pflegte, verschont sein dürften.

Also Maskenball! Wieder helle Zwietracht in unserm friedlichen Hause, geheimer Rat in allen Ekken, wieder pro von seiten der Frauen, wieder contra von seiten meines Vaters, wieder Appellation an meinen würdigen Paten. – »Worüm nich, min leiw Burmeister? – Ich gehe *selbst* hin; Neiting geiht ok hen, ok Mamsell Westfalen geiht hen, äwer man mit ne Brill nich as en Charakter. – Wir gehen überhaupt alle nur mit ner Brille hin.« – Onkel Herse und Tante Herse gingen hin, Herr und Frau Nahmacher nebst Familie gingen auch hin. »Vater! – Vater!« – »Was willst du!« – »Vater, Karl Nahmacher geht auch mit auf den Maskenball.« – »Ei so laß ihn zum Kuckuck gehn! – Meinetwegen geht alle zum Kukkuck hin!« – Einladende Worte waren's allerdings nicht; aber es war doch eine Erlaubnis. – »August, wi kamen hen! – Lisette, wie kamen hen! – Mutter, Vater hat uns die Erlaubnis gegeben!« – »Was sagte er denn?« — »Er sagte, wir sollten alle zum Kukkuck hingehen.«

Diese Worte waren nun zwar nicht sehr beruhigend für meine Mutter; aber in der bekannten Teestunde tröstete sie Herr Amthauptmann über den zweifelhaften Erfolg, und da mein Vater, der darüber zukam, mit freundlichen Worten – er sprach stets freundlich mit meiner guten Mutter – seine freie Einwilligung gab, so war alles in schönster Ordnung. »Aber«, setzte er zu seiner Erlaubnis hinzu, »Hannchen, tu mir den einzigen Gefallen und stell keine Abenteuerlichkeit mit den Kindern auf! – Nicht

wahr, Herr Amtshauptmann, ein bißchen zum Zukucken können sie hingehen?« – »Ja woll, min Herzenskindting, worüm sall denn nich ein oder de anner vermaskiert dorhen gahn?«
Mein Vater ward stutzig; aber auch dies Eis war nun gebrochen, meine Mutter mußte nun mit ihrem Plan herausrücken; sie hatte noch ein altes Taftkleid – zu nichts weiterem zu gebrauchen –, daraus wolle sie für mich – ich wäre der Kleinste, und für mich reichte es noch aus – ein schwarzes Habit anfertigen, in welchem ich als Schornsteinfegerjunge erscheinen sollte; Friedrich sollte mir eine kleine Leiter machen, Besen wären hinlänglich im Hause, und Onkel Herse würde mir wohl eine kleine Hacke aus Pappe und Bleipapier zusammenkleistern; es kostete also gar nichts.
Diese Ausdehnung seiner Erlaubnis war meinem Vater doch zu stark; er ging höchst verdrießlich im Zimmer auf und nieder und sagte kurz abgebrochen: »Hannchen, Hannchen, es ist eine vermaledeite Eitelkeit, wenn Eltern mit ihren Kindern prunken wollen.« – Nun legte sich aber der Herr Amtshauptmann dazwischen: »Prunken? min Herzenskindting, dat heww ick meindag' noch nicht hürt, dat mit Schornsteinfegerjungs Staat drewen ward; un Eitelkeit? Na, min Herzenskindting, vel schöner ward hei as Schornsteinfegerjung' grad' ok nich utseihn warden, as hei nu utsüht.«Mein Vater war aus dem Felde geschlagen, und als dann der große Tag endlich heranrückte und ich in das schwarze Taftkleid gehüllt war, gab mir Tante Christiane als siebzehnhundertjährige Braut die Leiter, den Besen und die

Hacke in die Hand und führte mich in meines Vaters Zimmer, wahrscheinlich um ihm eine unverhoffte Freude zu bereiten. Mein Vater stand auf, nahm ein Licht von dem Tische, beleuchtete mich und beiläufig auch Tanten Christiane schweigend von oben bis unten, ergriff meine Hand und zog mich an den Spiegel: »Sieh her, Fritz, sie haben einen richtigen Affen aus dir gemacht. – Schämst du dich nicht?« – Ich war noch in den Jahren, in denen die Scham in Tränen ausbricht; ich fing also an zu weinen. – »Laß sein, Fritz!« sagte mein Vater, »und morgen, wenn sie dir den Affen ausgezogen haben, dann komm wieder!« – Aber als mich Tante Christiane, entrüstet über solchen Empfang, aus der Tür führte, weinte ich fort, warf Leiter, Besen und Hacke auf den Flur hin und war der Unglücklichste der ganzen Essenkehrerzunft.

Glücklicherweise kam jetzt der Herr Amtshauptmann mit seiner Frau Agnete und Mamsell Westfalen, um uns abzuholen. Hätte der alte Herr mich weinen sehen, so wäre das Thermometer seiner Hinneigung zu mir gewaltig gefallen; dies wußte ich, und wie ich mich in die Tränen hineingeschämt hatte, schämte ich mich jetzt wieder aus ihnen heraus.

Mein Vater, der den Herrn Amtshauptmann zu begrüßen gekommen war, beachtete mich zum Glück nicht ferner. Der alte Herr war so aufgeräumt, er scherzte so heiter mit meiner bräutlichen Tante, daß ich den Schmerz über meine unselige Verpuppung ganz und gar vergaß. Alles war fröhlich, und als mein Vater wieder mit allerlei beengenden Erlaubnis-Paragraphen herausrückte, schnitt ihm mein Pate das Wort ab mit der Frage: »Also, min Herzenskindting, Sei willen nich mit? Nee, wat denn? – Aber das ist Ihre Sache. Nu laten S' äwer mi för de Mamsell un de Kinner sorgen, denn wenn ick nah Hus' gah, denn gahn sei all; äwer nich ihrc. – Mamsell Westfalen versuchte nun noch ihre Rednergabe an meinem Vater, um ihn zum Mitgehen zu bewegen: »Un nehmen S' mi nich äwel, Herr Burmeister, wenn de ganze Stadt dull ward, denn möt dat Haupt in de Neg' sin, un wenn de Herr Ratsherr Hers' as lebendige Ritter hengeiht, und Herr Ratsherr Susemihl as türkische Soldan mit en langen Bort – de Slüngel, de Fritz Sahlmann, hett dat utspijoniert – denn künnen Sei jo as König oder Kaiser hengahn, un wenn Sei en König tau schanierlich is, denn maken Sei 't so as ick un hängen S' sik ne Domina äwer'n Puckel, wotau Sei jede swarte Schört nehmen känen, denn mine Domina is ok nix anners as mine sünndägliche Taftschört. Un dat *segg ick*!« – Aber es half nichts, wir gingen ohne meinen Vater.

Als ich in den sogenannten Saal trat, der jetzt wohl nur für ein mäßiges Zimmer gegolten haben würde, überfiel mich eine wahre Angst vor den wunderlichen Gestalten und abscheulich starren Gesichtern, ich kam mir vor wie »unter Larven die einzig fühlende Brust«, und wenn ich mich selbst ansah, so wurde mir wie ein eben geschorener Pudel zu Mute, der, über sein verändertes Aussehen erschrocken, alle Ecken und Winkel aufsucht, um sich vor sich selbst zu verstecken. Dies wurde mir aber wegen meines Schornsteinfegerapparates, Leiter und Besen, sehr schwer, und so währte es denn auch nicht lange, als ich von einem Mohren aufgegriffen wurde, der, vermutlich von der gleichen *couleur* angezogen, die Güte hatte, mich zum Gegenstand seiner natürlichen Wildheit zu machen. Er riß mich in die Höhe, ließ mich ein paar Sekunden lang in der Luft fliegen, schwenkte mich noch einige Mal um den beturbanten Kopf und trug mich dann, auf seinen Schultern reitend, im Triumphzug durch den Saal, wo ich denn allgemein für ein Mohrenkind gehalten wurde, da ich meine Schornsteinfeger-Attribute bei dem plötzlichen Überfall verloren hatte. Ich war nun vollständig in die dramatische Handlung des heutigen Abends hineingerissen und hätte mich vielleicht über den Ausgang des Stückes bedenklich geängstigt, hätte ich nicht zum Glück in meinem Mohren den Kaufmann Grischow erkannt, von dem ich meine Bilderbogen bezog. – »Herr Grischow, laten S' mi los!« – »Jung', willst du dat Mul hollen, jo kein Namen nennen!« – Das war uns're Unterredung und die Folge war ein Glas Punsch, welches mir der gütige Mohr an der Schenke verabreichen ließ.

Es war wirklich sehr anzuerkennen, mit welcher Konsequenz die Illusion aufrecht erhalten wurde; jeder kannte den anderen, jeder wußte schon drei Tage vorher, was der andere darstellen würde, aber keiner ließ es sich merken, um die allgemeine Lust nicht zu verderben. Es wurden Namen mit richtigen Buchstaben in die Hand geschrieben und mit verkehrten in die Luft, es wurde mit der schnödesten Verneinung der Kopf geschüttelt, und jede durstige Seele stellte sich gewissenhaft mit abgewandtem Ge-

sichte in die Ecke, um dort in aller Heimlichkeit in einem Zuge ein Glas Punsch hinabzustürzen.
Mein alter Pate war auch in dieser diskreten Beachtung des Maskengeheimnisses ein hervorleuchtendes Beispiel. – Als er mit seiner Florbrille in den Saal trat, ging er auf meine Tante Christiane los, mit der er ja zusammen gekommen war, machte eine tiefe Verbeugung und sagte zur Freude von Tante Herse, die als Klosternonne neben Tante Christiane saß: »Guten Abend, meine liebe Frau Ratsherrin, es freut mich, Sie wieder einmal als Braut zu sehen. – Nee, wat denn? – Es ist aber eine sonderbare Sache, man hat mir eine Brille aufgesetzt, damit ich besser sehen soll, und ich kenne keinen Menschen.«
Als er mich aufgegabelt hatte, sagte er: »Fritz, min Jüngschen, wis' mi mal den Ratsherrn Hersen, hei sall en Ritter sin, äwer dor an den Schenkdisch stahn twei von sin Grött un Kaliber, wecker is hei von de beiden?« – »Der mit dem blauen Federbusch ist Postmeister Stürmer, und der andere mit dem Horn vor dem Kopf, das ist Onkel Herse.« – »Schön! schön! – Grad' as Graf Tassilo von Hohenzollern – ebenso en Hurn vör den Kopp as Graf Tassilo. – dat bedüd't hüt wat mit den Herrn Ratsherrn. – Na, ich will ihm doch ein Vergnügen machen!«
Damit trat er an den Schenktisch: »Guten Abend, Graf Tassilo von Hohenzollern!« – Onkel Herse wußte gar nicht, daß er an diesem Abend eigentlich Graf Tassilo war, er hatte den Helm mit dem Nashorn nur der Originalität wegen gewählt, ohne an etwaige geschichtliche Deutung zu denken; er nahm

aber die ihm zugeteilte Würde mit großer Geistesgegenwart auf und, um in Höflichkeit nicht nachzustehen, antwortete er: »Gleichfalls schönen guten Abend, gebietender Herr!« – Der alte Herr Amtshauptmann lachte so recht von Herzen: »Gebietender Herr? – Ja, äwer blot in 't Großherzogliche Domanium, min leiw Meister Dohmstreich.«
Der Zimmermeister Dohmstreich war wohl ebenso dick wie mein Onkel, aber einen guten Kopf kleiner; das hinderte den alten Herrn aber nicht, ihn für den Herrn Ratsherrn unterzuschieben; denn er wollte meinem Onkel ja die Freude machen, daß er ganz unbekannt sei. – »Min leiw Meister Dohmstreich«, begann er wieder, »ick glöw mit Utnahm von mi kennt Sei hüt abend kein Minsch.«
Nun wäre es aber für meinen Onkel Herse der größte Verdruß gewesen, wenn der Herr Ratsherr nicht durch den Ritter durchgeschienen hätte: sein gehofftes Vergnügen lag grade in der Erwartung, daß der Ritter hinlänglich transparent sein würde, um hinter Goldpapier und Pappe den Herrn Ratsherrn im glänzenden Lichte aufgehen zu lassen, und nun sollte statt dessen der Zimmermeister »dick Dohmstreich« aufgehen? – Mein Onkel wurde sehr verdrießlich; er fiel aus dem stillschweigenden Übereinkommen gegenseitigen Geheimnisses: »Herr Amtshauptmann, Sei irren sik, ick bün nich ›dick Dohmstreich'.‹« – »Schön, mein lieber Meister, ganz vortrefflich! – Min leiw Meister, in minen Swinkaben möten nige Bahlen inleggt wurden...« – »Herr Amtshauptmann, ick segg Sei, ick bün nich ›dick Dohmstreich.‹«– »Schön, mein lieber Meister; hat

auch bis morgen Zeit. – Ich empfehle mich Ihnen, Graf Tassilo von Hohenzollern.«
Der Herr Amtshauptmann wandte sich ab, um dem andern Ritter, dem Herrn Postmeister Stürmer, ein ähnliches Vergnügen angedeihen zu lassen: »Gu'n Abend, min leiw Möller Karsten! – Na, ok en beten hier? – Süh, dat freut mi doch! – Bin ich doch heute abend nicht der einzige aus Großherzoglichem Amte.« – Hier vergriff sich der alte Herr ganz gewaltig; Müller Karsten war ein kleiner, hagerer Mann, und der Herr Postmeister war in seinen Dimensionen selbst meinem Onkel Herse überlegen; aber ein solcher kleiner Irrtum konnte meinen würdigen Paten nicht in Verlegenheit setzen: »Min leiw Möller, wat is dat för en flaßköppigen Jung', de dor bi Em mit dat Speit in de Hand steiht?« – War Onkel Herse durch den »Meister« schon verletzt, so wurde es Postmeister Stürmer noch im höheren Grade, denn er war per »Er« angeredet; dieser Ritter fiel also natürlich auch aus der Rolle: »Herr Amtshauptmann, das ist mein Sohn, den ich als Knappen mit mir genommen habe.« – »Süh! Süh! – ein Mühlenknappe. – Segg Hei mal, Möller, is hei denn all Gesell?« – »Er ist Gymnasiast in Stettin.« – »So? so? – Gymnasiast in Stettin. – Süh, süh! Wat ut den Minschen all warden kann! – Nu, min leiw Möller, dau Hei mi den Gefallen un segg Hei em, wenn hei wedder mit sin Peik so dörch den Saal rönnt as vör en beten, denn sall hei sik in acht nehmen, dat hei mi nich in de Ogen steckt, denn, mein lieber Müller, ich kann durch meine Brille gar nichts sehen. – Guten Abend, mein lieber Ritter Kuno von Kyburg.«

Da ging er hin, der alte brave Mann, fest überzeugt, in der angemessensten Weise die heutige Lust in den beiden Ritterbrüsten erhöht zu haben! – Ach, wie schlecht wurde es ihm gedankt! – Ich stand noch da, als Onkel Herse begann: »Stürmer, seih ick ut as dick Dohmstreich?« – »Gevatter Hers', dat geiht doch noch ihre; äwer mi för Möller Karsten antauseihn . . .!« – »Stürmer, ick bliw dorbi, de oll Amtshauptmann is en grawen Swinegel.«
Weiter hörte ich nichts, denn in diesem Augenblick kam Tante Christiane höchst aufgeregt auf mich los. »Entfamtigte Bengel, ick möt mi hüt äwer di den ganzen Abend argern. Meinst du, dat Mutter un ick di för nix un wedder nix den swarten Antog tausam prünt hewwen? – Wo hest du din Ledder?« – »De steiht in de Eck in den Saal.« – »Wo hest du dinen Bessen un din Hack?« – »De heww ick vör de Dör henleggt.« – »Glik geihst hen un hal'st din Geschirr tausammen, un denn kümmst her, un ick will di seggen, wo du 't macken sallst.«
Ich brachte also mein Handwerkszeug zusammen, und Tante instruierte mich nun unter Androhung aller möglichen Nachteile, wie ich den Schornsteinfegerjungen aktiv in Szene zu setzen hätte. Ich sollte die Leiter an die Wände lehnen, sollte dann darauf hinaufsteigen, daran kratzen und fegen, auch an den Ofen könne ich hinaufklettern, ja sogar auch an Personen, müsse mich dann aber, wenn dies letztere Stück gut gelingen sollte, genau vergewissern, daß die Person auch stehen bleiben würde.
Meine dramatischen Künste begannen also; es ging prächtig, und es währte gar nicht lange, da saß ich

auf dem Ofen. Nur mit der Ersteigung von lebendigen Gipfeln wollte es mir nicht gelingen; sowie ich meine Leiter an den Rücken einer Maske legte, wich diese aus, und selbst mein Onkel Herse, auf dessen freundliche Gutmütigkeit ich meine letzte Hoffnung gesetzt hatte, der aber noch in verdrießlichen Betrachtungen über seine Ähnlichkeit mit »dick Dohmstreich« und in Punsch vertieft war, drehte sich bei meinen wiederholten Versuchen, ihn zu besteigen, zu mir und sagte: »Fritz, deist du dät noch mal, denn gew ick di en poor Mulschellen, dat du up den Rüggen föllst.«
Kurzum, diese kühnste Idee meiner Tante Christiane war nicht ausführbar, und da ich nun zu ihrer Freude an allen vier Wänden herumgekratzt und gefegt, auch verschiedentlich auf dem Ofen gesessen hatte, kam ich müde von meinen Anstrengungen zurück und erklärte den Haupteffekt für ganz unmöglich.
Tante stand gerade mit einer Königin der Nacht zusammen und unterhielt sich mit ihr über die Preise des Bombasins. Wahrscheinlich hatte meine Tante dieser Königin der Nacht Aussicht auf Absatz von Bombasin gemacht, und die Kundschaft redete zu meinen Gunsten mit, vielleicht war's aber auch angeborene Gutmütigkeit, die mich für so viele fehlgeschlagene Hoffnungen trösten wollte, genug, Frau Lewin, eine mir sehr gut bekannte Judenfrau, erlaubte, daß ich ihren sternbesäeten, königlich-nächtlichen Puckel besteigen durfte.
So etwas sollte man Kindern nie erlauben, man ahnt gar nicht, was Kinder in ihrer Unkenntnis für Elend anrichten können: Kinder kommen in aller Un-

schuld in großen Gesellschaften laut mit Dingen zu Raum, die im allervertraulichsten Familienkreise nur leise geflüstert werden dürfen; Kinder stecken im unschuldigen Spiele mit Schwefelhölzern ganze Städte in Brand, und ich Unglückswurm von Schornsteinfeger-Kind sollte nun hier an diesem Abend, ermutigt durch die nichts Böses beabsichtigenden, aber durchaus beipflichtenden Winke meiner Tante Christiane ein Unglück herbeiführen, welches nicht allein die unglückliche Königin der Nacht aus ihrem Reich vertrieb und den ganzen Saal in Aufregung versetzte, sondern auch in seinen natürlichen Folgen auf mein Haupt- oder besser: auf meine Ohren zurückfiel.
Ich war an dem Rücken der Königin aufgestiegen und stand oben auf meiner Leiter; ich konnte doch nun nicht wieder hinuntersteigen, es mußte doch vorher etwas geschehen – dies Gefühl, welches den dramatischen Dichter nie, namentlich im letzten Akte nicht verlassen sollte, war mir schon damals klar –, ich griff also nach meinem Besen und bearbeitete den Sternschleier der Königin Levin – nach meiner Meinung sehr schonend –, aber der Schleier war nicht an natürlichem Haar, sondern an einer Perükke befestigt. – Ein jäher Schrei, das Vorwärtsstürzen der Königin, mein eigenes Niederstürzen mit der Leiter und das im tiefsten Baß ausgestoßene Geschrei des alten stocktauben Steuereinnehmers und Kirchenökonomus Groth: »Kik't! Kik't! Levinsch hett ne Prük up!« zog alle Masken um uns zusammen, und ich erhielt von Tante Christiane in Gegenwart des ganzen Balles ein paar Maulschellen von ausgesuchtester Sorte.

Was konnte ich dafür? Wie konnte ich die alttestamentarische Bestimmung Mosis kennen, daß verheiratete Judenfrauen ihr eigenes Haar nicht zeigen dürfen, daß sie mit kurzgeschorenem Kopf gehen und sich bei feierlichen Gelegenheiten der Perücken bedienen müssen? (Das war damals so, als noch alle altgläubig waren.) – Mir war unrecht geschehen! Weinend trat ich vom Schauplatz meiner Taten ab und begegnete Karl Nahmacher, dem auch unrecht geschehen war, der auch ein paar Maulschellen erhalten hatte, weil er all seinen Kuchen, ohne sich etwas aufzuheben, aufgegessen hätte. Wir klagten uns gegenseitig unsere Leiden, beschlossen, mit dem ganzen Schwindel nichts mehr zu tun haben zu wollen, gingen ins Schenkzimmer, krochen dort unter einen tiefverhängten Teetisch und sind da vermutlich bald in süßen Schlummer verfallen – denn von dem übrigen, was später passiert ist, weiß ich bloß vom Hörensagen.

Als mein würdiger Pate, der Herr Amtshauptmann, genug hatte von den Lustbarkeiten und in vollkommenster Unschuld alle seine Pfefferkörner im Saale verstreut hatte, als seine gute Frau schon anfing, unruhig zu werden, und Mamsell Westfalen schon lange mit Domino und Florbrille sehr ruhig in einer Ecke schlief, als August, Ernst und Lisette sich auf den Gluckhennenruf von Tante Christiane um ihren Reifrock versammelt hatten und sie selbst es müde war, immerfort als bräutigamlose Braut aus dem siebenzehnten Jahrhundert auf hohen, roten Absätzen Stelzen zu laufen, als Venus Amathusia kopfschüttelnd Abschied genommen, als Momus schläfrig und müde sich in der zwölften Stunde die Larve vom Gesichte gerissen hatte, als Bacchus breitspurig in die Türe trat und die Humpen des Grafen Tassilo und des Ritters Kuno von Kyburg füllte, als der wilde Mohrenfürst in einen zivilisierten Punsch-Dusel versunken war und der türkische Sultan Susemihl Mahomets Gebot zu vergessen anfing, sollte nach Hause gegangen werden; aber: »Wo ist Fritz?« – »Mein Herzenskindting, wo is Fritz?« fragte der Herr Amtshauptmann meine Tante. – Tante erklärte, daß sie seit der Zeit, in welcher sie mir die beiden oben erwähnten Maulschellen gegeben, keinen weitern Verkehr mit mir gehabt habe. Es wurde umher gefragt. Keiner hatte mich gesehen.

Auf dem andern Ende des Saales war dieselbe Not; Madame Nahmacher vermißte ihren »Korl«. – Der alte Herr Nahmacher kam zu unserer Partei, um Erkundigungen einzuziehen. – Gerade, wie der Herr Amtshauptmann jeden mit »min Herzenskindting« anzureden pflegte, sagte er zu jedem »min Herzing«. »Min Herzing, hewwen Sei minen Korl nich seihn?« – »Min Herzenskindting, wi säuken den Burmeister sinen Fritzen.« – »Min Herzing, de Jungs sitten ümmer tausam.« – »Min Herzenskindting, wo süllen sei denn nu woll sitten?« – »Min Herzing, dat weit de leiw Gott.« – »Min Herzenskindting, uns' Fritz hett en poor Mulschellen von de Mamsell kregen . . .« – »Ja, min Herzing, min Korl ok von sin Mutter.« – »Herr Amtshauptmann«, fiel hier Mamsell Westfalen ein, »nehmen S' nich äwel, dat ick dor mang red'; äwer de beiden Jungs sünd 't Water gahn, un dat segg ick!« – »Westfalen!« schrie meine Tante, »Sei

sünd jo woll nich bi Trost!« – »Oelpken, wat ick segg, dat segg ick! – Mulschellen hören sik för de Jungs dat weit ick. Äwer Mulschellen up so 'n apenboren Danzplatz, dat treckt sik so 'n Jung tau Gemäut.« – »Das ist doch eine sonderbare Sache«, fiel der Herr Amshauptmann ein. »Min Herzenskindting, Sei hadden den Jungen nich slagen süllt!« – Meine Tante geriet in schreckliche Angst; aber Papa Nahmacher tröstete sie: »Min Herzing, laten S' dat man sin! Min Korl geiht nich in 't Water, hei klattert in de höchsten Dannen in 'n Pribbenow'schen Holt herin un nimmt de Kreihennester ut, äwer in't Water geiht hei nich.« – »Min Herzenskindting, Sei hewwen recht. – Weiten Sei, wat mi infüllt? – De Jungs sünd nah Hus gahn. – Nich wohr, Neiting? – Nee, wat denn?« – »Ja, Wewer, denn möten wi äwer henschicken un fragen laten«, antwortete die Frau Amtshauptmännin.
Das geschah denn nun; aber leider war über mein Verbleiben nicht anders Nachricht zu erhalten, als daß mein Vater aus seinem ersten Schlafe geweckt wurde, weil ich bei ihm schlief. Er empfing die Meldung nicht in der rosigsten Stimmung: »Das kommt bei dem verdammten Unsinn heraus, da lassen sie mir den dummen Jungen sich verlaufen! – Hausknecht, geh Er leise die Treppe hinunter, daß meine Frau nicht aufwacht! – Ich komme gleich.« Er kam auch, nachdem er die beiden Nachtwächter Hirsch und Netzband unterwegs aufgegabelt und ihnen die Frage vorgelegt hatte, ob sie mich und Karl Nahmacher nicht irgendwo hätten herumstreifen sehen. Als diese dies verneinen mußten, wurde der eine von

ihnen nach Luth geschickt; Luth sollte sogleich kommen; und mein Vater trat in den Saal, halb ärgerlich, halb unruhig:
»Wo sind die beiden Jungen zuletzt gesehen?« – »Min Herzing«, sagte der alte Nahmacher, »min Korl, as hei den Kauken upfreten hadd.« – »Min Herzenskindting«, sagte der alte Herr etwas verlegen, »uns' Fritz, as em de Mamsell Oelpken en poor Mulschellen gewen hadd, wil dat hei Levinschen mit seinen Bessen de Prük runnerfegt hett.« – »Swager, Swäging!« rief Tante Christiane in großer Angst, »Ick heww jo dat nich bös meint, un hei hett jo doch ok all öfter weck von mi kregen.« – »Kinder, habt ihr die beiden Jungen später nicht gesehen?«
Keiner wußte etwas Genaueres, bloß Lisette meinte, sie habe uns *zusammen* aus der Saaltüre gehen sehen. – »Un dunn sünd sei in't Water gahn«, setzte Mamsell Westfalen ruhig hinzu. – »Was? – Was ist das?« fragte mein Vater hastig. – »Sei sünd in 't Water gahn, dorbi bliw ick«, antwortete Mamsell Westfalen wieder sehr ruhig. »Un nehmen S' nich äwel, Herr Burmeister, wenn ne ganze Stadt hüt abend narsch worden is, worüm sälen twei dumme Jungs nich ok up narsche Infäll kamen?« – »Ei, das ist ja dummes Zeug, Mamsell, wenn mein Fritz um ein paar Maulschellen ins Wasser gehen wollte, dann hätte er das Stück schon längst aufführen müssen.« – »Min Korl ok, min Herzing«, fiel der alte Nahmacher ein. – »Seit drei Monaten ist alles dicht zugefroren«, fuhr mein Vater etwas verächtlich fort, »und denn sollen die Jungen ins Wasser gehn?« – »Nehmen S' nich äwel, Herr Burmeister, doran heww ick

nich dacht, und denn segg ick, dat ick nix seggt heww; denn sünd sei woll nicht in dat Water gahn.« – Meinen Vater ekelte das wüste Treiben eines halbausgespielten Maskenballes an, er forderte zum Nachhausegehen auf; die Familie vom Amte, die Nahmachersche Familie und die unsrige verließen den unseligen Ball, Madame Nahmacher und meine Tante weinten, und der alte Herr Amtshauptmann erleichterte sein besorgtes Gemüt durch den ab und an herausgestoßenen Ausruf: »Eine sehr sonderbare Sache! – Nee, wat denn, Neiting?«
Luth war gekommen und instruiert, unsere Knechte waren geweckt, der alte Herr Nahmacher hatte die seinigen zur Disposition meines Vaters gestellt, die Nachtwächter und einige Tagelöhner wurden aufgeboten, mein Vater stellte sich an die Spitze einer Partei, Herr Nahmacher an die einer zweiten, Luthen wurde die dritte anvertraut; und nun begann ein nächtlicher Streifzug, der alle Geheimnisse von Stavenhagen, vom Alten Bauhof und dem Rathaushof ans Licht brachte – leider nur nicht uns. Der Schornsteinfegerjunge Fritz Reuter und der Gärtnerjunge Karl Nahmacher lagen Arm in Arm unter Tanten Tolls Teetisch und schliefen den süßesten Kinderschlaf – trotzdem, daß Kuno von Kyburg und Graf Tassilo von Hohenzollern über ihren Häuptern gewichtige Humpen leerten.
Diese beiden würdigen Ritter hatten sich nämlich aus dem *mélée* und Schlachtgetümmel des allgemeinen Schenktisches zurückgezogen und kämpften an dem Teetisch mit scharfen, blutroten Rotwein-Waffen ihre besondere Fehde aus. Mein Onkel Tassilo

von Hohenzollern hatte schon sein Nashorn an der Stirne eingebüßt und der Postmeister Kuno von Kyburg hatte schon Helmbusch und Helm verloren, aber dennoch waren sie noch immer »düchtig dor!« und hieben unter Schwert-Gläser-Klingen aufeinander ein, daß die staunende Nachwelt von bunten Bauern, bunten Tirolern und noch bunteren Harlekins sie stumm umstand und in ihnen die Taten der Vorwelt bewunderte.
Mein Onkel Tassilo fiel gerade mit seiner blutroten Klinge auf den Ritter Kuno ein, der ihm aber mit der seinigen so zu begegnen wußte, daß es einen scharfen Schwertesklang gab, als Luth mit unserm alten Friedrich in die Tür trat: »Gu'n Abend, Herr Ratsherr, Friedrich lett sik dat nich utreden, un mi kümmt dat ok so vör ...« – Mein Onkel hatte seine Ritterrolle den ganzen Abend so gut gespielt und dieselbe so ausstudiert, daß er wußte: die Ritter des Mittelalters hätten als Minnesänger ihre Reime zu machen verstanden; er blieb also nur seiner Rolle getreu, als er den Stadtdiener Luth unterbrach und ihm fröhlich sein volles Glas reichte: »Gut, Luth, hier ist Blut, Luth! Rotes Rotweinblut, Luth! – Wollen sehen, ob's das nicht tut, Luth!« – Postmeister Kuno von Kyburg war anno 6 Wachtmeister unter dem General Grafen Kalckreuth gewesen und trug seinen Kommandierenden sein Leben lang im frommen Herzen; alles Schöne, Vortreffliche hieß bei ihm »Kalckreuth!« Die Minnesängerei meines Onkels hatte ihn entzückt, er fiel ihm um den Hals: »Du bist mein Kalckreuth!« – »Ja«, sagte Luth, »dat is all recht schön, äwer wi hewwen de Jungs nich wedder.

– Friedrich seggt, sei möten noch hier sin, un ick glöw' dat ok.« – »Glöwen Sei dat, Luth? Gut, Luth! un Friedrich glöwt dat ok? Schön, Friedrich! –

Ich bin liederlich,
Du bist Friederich,
Sind wir nicht liederliche Leute?
Trinken kühlen, roten Wein,
Schmeißen den Bauern die Fenster ein;
Ich bin liederlich,
Du bist Friederich,
Sind wir nicht friederiche Leute?«

»Äwer, Herr Ratsherr«, fiel Friedrich ein, »wo sünd de Jungs?« – »Ih, Friedrich, lat doch de Jungs! Wi sünd all mal Jungs west. Hier Friedrich liederlich!

Nimm das Glas, begieß dich nicht,
Es leben schöne Kinder!
Es lebe auch Fiek Besserdich!
Du bist ein armer Sünder:
Sün-Sün-Sün-Sün-Sün-Sün-
Bist ein armer Sünder.«

»Dat weit ick, Herr Ratsherr; äwer dat mit Fiek Besserdichs, dat sünd Spitzen, un dorüm hett mi de Herr Burmeister nich in de Nacht herümmer schickt.«
Wer weiß, ob sich nun nicht ein unerquicklicher Streit zwischen dem Stammvater des Hauses Hohenzollern und dem Kuhknecht Friedrich entsponnen hätte, wäre nicht ein ebenso überraschender wie erfreulicher Zwischenfall eingetreten.
Sei es nun, daß Karl Nahmacher und ich durch einen gesunden Schlaf der Natur unsere volle Schuld abge-

tragen hatten, oder daß uns der ritterliche Sang, vielleicht auch die ritterlichen Beine geweckt hatten, genug, wir erwachten und krochen unter dem Tische hervor. Karl schlug sich links gegen Kuno von Kyburg hin, und ich kam zwischen den Beinen meines Onkels Hohenzollern zum Vorschein. Nur einen kurzen Augenblick tauchte mein schwarzer Schornsteinfegerkopf aus Tante Tolls weißen Linnen hervor, als ich auch schon von der gewichtigen Hand meines Onkels mit den Worten: »Pfui, Philo! Kusch!« wieder unter den Tisch gedrückt wurde. Der lebhafte Geist meines guten Onkels war so weit in die Freuden der Vorzeit spaziert, daß er für die Wirklichkeit kein Auge mehr hatte, und daß er mich für den Pudel des Doktor Weber hielt. Aber Friedrich hatte ein besseres Auge; mit einem Griff unter den Tisch: »Dit is 'e!« holte er mich hervor, und da Luth den Gärtnerjungen gefaßt hielt, so war der Zweck des Streifzuges erledigt und die Abenteuer dieser Nacht geschlossen, d. h. die fröhlichen, denn daß noch allerlei schmerzliche kommen könnten, vermutete ich stark. Auch in der Brust meines Leidensgefährten schien sich eine solche Ahnung zu regen, denn als wir zusammen über den Markt transportiert wurden, fragte er mich: »Fritz, kriggst du hüt abend noch Schacht?« – »Hüt abend woll nich«, antwortete ich, »äwer morgen.« – »Ick krieg' hüt abend noch wat«, sagte er sehr resigniert, »Vatting deit mi nix, äwer Mutting!«

Wir hatten uns beide geirrt, die Eltern hatten eine bessere Einsicht in unsere Schuld als wir selbst; mein Vater mochte sich des alten Spruchs: *qui dormit, non paccet* erinnern; er war freilich sehr verdrießlich, hielt aber nur einen Monolog über die Torheit, Kinder auf einen Maskenball zu führen, mit welchem er nicht einmal ganz fertig wurde, denn er wurde durch ein Klopfen an die Scheiben darin gestört: »Min Herzenskindting, is hei dor?« – »Ja, Herr Amtshauptmann.« – »Sei daun em doch nix? Nee, wat denn?« – »Der dumme Junge kann ja nicht dafür.« – »Schön, min Herzenskindting, gute Nacht, Herr Bürgermeister.« Damit war die Sache vorbei. – Karl Nahmacher hatte es noch besser getroffen. – Als wir am andern Morgen zusammenkamen und ich fragte: »Korl, hest wat kregen?« antwortete er sehr fröhlich: »Koffe heww ick kregen, un Mutting freut' sik ordentlich, as ick kamm, un säd: ›entfamte Jung', wat hest du uns för Angst makt!‹ un dunn smeet s' twei grote Stücken Zucker in den Koffe und säd: da drink!«

Mit Recht würde man diese Gewissenhaft geschriebene Geschichte meiner Vaterstadt für mangelhaft und unvollständig halten, wenn ich nicht zum Schlusse entweder von der Politik oder von der dramatischen Kunst der damaligen Zeit etwas einfließen ließe. Ich bedaure, daß ich mich allein auf die dramatische Kunst beschränken muß, denn die Politik lag noch schlummernd in den Köpfen der Bewohner und war nur in dem meines Onkels, des Herrn Rektors und des Rademachers Clasen vorzeitig erwacht und mag dort viel Unheil angerichtet und stark rumort haben, ließ aber die übrigen Bürger ungeschoren ihren Geschäften nachgehen und uns

Kinder unsern Spielen. Ich erinnere mich gar nicht, das Wort gehört zu haben. Anders aber war es mit der dramatischen Kunst oder »Kemedi«, wie sie schlechtweg genannt wurde; sie war ein reiches Feld für unser Interesse. Darum also von ihr!

Die erste Bühne, welche ich in meinem Leben gesehen habe, war in dem Torwege des Schneidermeisters Grambow aufgeschlagen, sie machte am hellen lichten Tage mit ihren bemalten Fetzen einen beängstigenden, spukhaften Eindruck auf mich. – Neugierig versammelten wir uns vor dem bekannten Torweg, wir hörten drinnen klopfen und hämmern und wußten nicht was, wir sahen durch die Ritzen allerlei Sonderbares und wußten nicht was, wir sprangen zurück, wenn der Torflügel aufging und ein fremder Mann in auffallender, nachlässiger Kleidung heraustrat, und doch zog es uns wieder nach der geöffneten Tür, um einen vollen Blick auf die Geheimnisse im Torweg zu werfen. – »Korl, dat is ein von ehr.« – »Dat is woll de Herr?« – »Ne, de Herr is 't nich, den heww ick gistern all bi minen Vattern seihn!« – Und ein anderer kommt herangesprungen: »Ick heww 't seihn! Ick heww 't seihn!« – »Wat hest seihn?« – »Sei hewwen drei Sag'bück henstellt un dor hewwen s' Bred äwerleggt, un baben hewwen s' luter Biller mit Böm un mit Hüser henstellt, un de Bück un de Bred hewwen s' von dick Dohmstreichen.« – »Ja, un wahnen daun s' bi Schill-Sommern, un ne Madam Hewwen s' bi sik un en lütten Jungen, und Kitte Sommer möt dor ümmer mit spelen; de seggt, hei kann mal snacken, äwer ümmer hochdütsch.« Ach, wie beneidete ich Kitte

Sommern um diese Bekanntschaft! Wie gerne wäre ich in den Torweg geschlüpft, um dort, still in eine Ecke gedrückt, belauschen zu können, was sich dort Geheimnisvolles vorbereitete! Was dort wohl alles erscheinen würde! Was dort wohl alles geschehen konnte! Mir war zumute, als wenn Mariek Wienken Gespenstergeschichten erzählte.

Und noch später, als Herr Stengel seinen Thespiskarren in unserer eigenen Wohnung auf dem Rathaussaal aufgeschlagen hatte, als ich schon Schauspiel gesehen hatte, als ich schon wußte, was dort erschien und was dort geschah, und daß es meistens lustig dort herging – wie graute mir, wenn ich des Abends über den Saal in mein Schlafzimmer mußte und mich die Bühne so tot, leer und dunkel ansah wie der Leichnam eines Menschen, in welchem noch vor einer Stunde ein fröhliches Leben geschlagen hatte! – Wie harrte ich in meinem Bette auf den festen Tritt meines Vaters, daß er den »armen Poeten« und »die Rosen des Herrn von Malesherbes« und den »Schneider Fipps« von mir scheuchen möge!

Die Produktionen des Grambowschen Torwegtheaters sind mir fremd geblieben, mein Vater litt den Besuch desselben durchaus nicht; aber meine Freunde versicherten mich, es sei sehr schön gewesen, sehr schön! und ich will's glauben. Auf *eine* Stavenhäger Seele haben die Darstellungen wenigstens einen unauslöschlichen Eindruck gemacht. Die Inhaberin verließ Vater und Mutter und folgte der Kunst. Cläre Saalfeld, die Tochter des alten Schusters Saalfeld, ging unter die Schauspieler. Sie ist meines Wissens das einzige Stavenhäger Kind, welches die dramatische Kunst praktisch ausgeübt hat, und nicht allein deswegen, sondern vorzüglich wegen einer Szene, in welcher die göttliche Kunst die nüchterne Wirklichkeit siegreich überwand, verdient ihr Name aufbewahrt zu werden.

Cläre war also – wie man sich damals unhöflich ausdrückte – weggelaufen. Der alte Schuster Saalfeld donnerte ihr die väterlichsten Flüche nach. Cläre wurde trotzdem erste Liebhaberin in der ganzen Bande; dunkele Gerüchte von ungeheuren Erfolgen der Liebhaberin gelangten nach Stavenhagen und auch zu den Ohren des Vaters.

Gute Freunde, die es damals noch mehr gab als jetzt, und die damals noch nicht aufhetzten, wo sie beruhigen sollten, versöhnten den alten Schuster allmählich mit dem Gedanken, eine erste Liebhaberin zur Tochter zu haben. Er wurde milder gegen sie gestimmt, und Cläre wagte den ungeheuer kühnen Schritt, nach anderthalb Jahren in ihrer eigenen Vaterstadt in demselben Grambowschen Torwege, in welchem sie zuerst den berauschenden Becher der Kunst geleert hatte, trotz aller Störungen, welche die Illusion notwendig erleiden mußte, als erste Liebhaberin aufzutreten. Die Kühnheit war groß, der Erfolg größer.

Die guten Freunde des alten Saalfeld hatten ihn in Erwartung der Dinge schon acht Tage vor dem Auftreten der Tochter bearbeitet, er solle Gnade für Recht ergehen lassen und die Liebhaberin als Tochter anerkennen – vergebens! Endlich erreichen sie das Äußerste, wozu er sich verstehen will: er will ins

Theater gehen und seine Tochter selbst spielen sehen.
Es geschieht; der Vorhang geht auf; Cläre spielt wie ein leibhafter Engel, sie weiß, aller Augen und auch ihres Vaters Augen sehen auf sie. – »Cläre Saalfeld 'raus!« Der alte Meister Saalfeld trocknet sich die Augen. So geht es fast bis zum Schlusse, da benutzt Cläre eine Stelle ihrer Rolle zum großartigsten Effekt; sie knieet nieder und ruft: »Vater, vergieb mir!« – Meister Saalfeld hält's nicht länger aus; er steht auf: »Min Döchting, wat heww ick di tau vergewen; ick erlew jo nix as Ihr un Freud' an di.« – Mit dieser Szene beschloß Cläre ihre dramatische Laufbahn, sie trat ins bürgerliche Leben zurück und heiratete einen geistesverwandten Torschreiber. Sie blieb bis an ihr Ende die erste Autorität Stavenhagens in dramatischen Dingen.
Der Name von Clärens Truppe ist mir entfallen. Vielleicht habe ich ihn auch nie gewußt, ich habe sie wahrscheinlich bloß »de Kemedimakers« genannt, weil sie für mich als die Repräsentantin der ganzen Kunst galt. Dies dauerte natürlich nur so lange, bis eine zweite Gesellschaft erschien, wo denn schon Unterschiede gemacht werden mußten. Diese zweite Gesellschaft kam denn auch, und wenn der eigentliche Stamm der Truppe auch nur aus zwei Personen, aus Mann und Frau, bestand, so waren diese beiden an ihrer Stelle vielleicht mehr wert als ein ganzes Heer gewöhnlicher Akteurs und Aktricen, denn sie verstanden es, sich für jedes Stück aus ihrer Umgebung neu zu rekrutieren, Jünglinge und Jungfrauen und Kinder für ihren Zweck abzurichten, das Wider-

streben der Eltern zu besiegen und die künstlerische Eitelkeit nicht allein in der Brust der Schauspieler, sondern auch in der ihrer Angehörigen zu wecken, weshalb sie denn auch stes auf ein sicheres, höchst befriedigt applaudierendes Publikum rechnen konnten. Es waren Anfänge einer wirklichen Kunstschule, die der gute, oben erwähnte Ritter Kuno von Kyburg mit seiner Gattin in Stavenhagen zu spinnen begann, und Gott weiß, was sich alles da herausgesponnen hätte, was für Berühmtheiten aus dieser Anstalt hervorgegangen wären, wäre Großherzogliche Kammer nicht auf den unglücklichen Gedanken gekommen, den von Kyburg zum Postmeister in Stavenhagen zu machen. Das war schade! Der Sinn für die Kunst war schon tief in die Seelen der Bewohner gedrungen, die Fühlfäden und Tastorgane der Kritik wuchsen den meisten schon zum Kopf heraus, und keiner durfte Ansprüche auf Bildung erheben, der nicht wenigstens *ein* Mitglied seiner Familie als Kontingent unter das Kommando der von Kyburg gestellt hatte.

»Vadder, geihst hüt abend wedder hen nah Allmannen sinen Saal?« – denn die Kyburger spielten nicht etwa in Torwegen. – »Ja woll, Vadder, wat wull ick nich! Wat min Korl is, de is 'e hüt jo ok wedder mit mang as en Offzierer. Dürten hett em en schörlaken Flicken up minen blagen Kledrock neiht, un nu süllst den Bengel mal seihn.« – »Na, Vadder, morgen kümmt min Mariek an de Reih, sei ward woll en Stück von ne Gräwin vörstellen. Lihren deit s' sik nu all äwer acht Dag', denn sur ward 't ehr. Gistern was *Sei* sülben dor un hett ehr Bein un Arm inrenkt, un hett ehr vörmakt, woans se sik verstellen möt. Ick heww ehr äwerst ok dorför en Schepel Tüften henkarren laten.« – »Na, min Ollsch hett ehr vörgistern en Hümpel Suppenkrut henschickt. De Lüd' stahn sik eigentlich recht gaut bi ehr Geschäft.« – »Je, Vadder, dat seggst du, äwer sei seggen jo, hei will den Postmeisterposten äwernehmen.« – »Wenn hei 'n Narr wir! Bi den Postmeisterposten kann hei ganz bi lütten verhungern, äwer dit Geschäft verlett nich; Slachter Kräuger hett em vör acht Dag' noch ne Hamelkül schickt.«

Aber mein alter, langjähriger, jetzt verstorbener Freund war ein Narr: er nahm die Postmeisterstelle und hungerte bei ihr lieber aufs Gewisse, als daß er aufs Ungewisse hin sich ferner den Lieferungen des Kunstenthusiasmus meiner Vaterstadt anvertraute. Seine postalischen Verdienste sind später durch eine kleine Zulage und die Beilage des Postkommissariustitels von hoher Großherzoglicher Kammer gründlich gewürdigt worden. Er und seine Gattin liebten diesen Titel, ich haßte ihn, denn er hat mir eine arge Beschämung eingetragen.

Ich wurde nämlich einmal von meinem Vater in irgend einer Angelegenheit zu ihm geschickt und fragte seine Frau: »Ist der Herr Postmeister nicht zu Hause?« Da ward mir aus hohen Wolken herab die Antwort: »Mein Kind, der ›Herr Postmeister‹ ist nicht zu Hause, aber der ›Herr Postkommissarius‹ sind zu Hause.« Ich habe die gute Dame später nie anders als »Frau Postkommissariussin« genannt. Die beiden alten guten Leute sind tot, sie waren ein harmlos gemütliches Paar, *sie* emphatisch, *er* phlegmatisch, und beide bis in ihre alten Tage dramatisch, denn oft bin ich Zeuge gewesen, wie der alte Schelm ein unschuldiges Lustspiel improvisierte, in welchem sie wider Willen mitspielen mußte. – Die Kunstschule ging unter, der Geschmack vergröberte sich zu Kunstreitern und Seiltänzern herab, bis – Stengel kam. Der Tanzmeister Stengel hob die Kunst wieder und setzte Soccus und Korthurn in ihre alten Rechte wieder ein. Die Bühne war schon aus dem Torwege auf den Allmannschen Saal gewandert. Sie sollte höher steigen, Stengel brachte sie auf den Rathaussaal; mein alter Freund war zwei Mann hoch aufgetreten, wobei ich seine Frau für einen vollen Mann rechne, Stengel trat schon vier Mann hoch auf, wobei ich seine Frau für zwei Mann rechne, denn sie mußte in jeder Vorstellung in zwei Rollen auftreten, einmal im Weiberkleide und einmal im Beinkleide. In letzterem spielt sie immer junge Herren, die fast immer mit einer Reitpeitsche auftraten – die arme Frau! Es war dieselbe Reitpeitsche, die Stengel gegen sie mißbrauchte. Ihre Schwester, die kurzweg Schwägerin genannte Dame, spielte die Liebhaberin, und wenn eine Kußszene vorkam, so wurde sie von den beiden Liebesleuten bis zu den äußersten Konsequenzen zum besten der Illusion durchgeführt, ohne daß das Publikum ein Ärgernis daran nehmen konnte, weil die verwandtschaftlichen sowie die geschlechtlichen Verhältnisse bekannt waren. Stengel selbst spielte alles mögliche, am besten gelangen ihm die brutalen Charaktere, die in die Kategorie der polternden Alten einschlagen; die Natur schien ihn für dergleichen Rollen eigens geschaffen zu haben.

Das Repertoire war sehr reichhaltig: es umfaßte das Rührspiel, das Lustspiel, die Operette und das Ballett. Das letztere war gleichsam eine Art Empfehlungskarte, welche Stengel zum Schlusse jeder Vorstellung dem Publikum überreichte, um neue Tanzschüler zu gewinnen und um seine Beine doch einmal in ihrer gewerblichen Arbeit zu zeigen. Er schlug bei diesen Gelegenheiten mit seinen plumpen Füßen sogenannte Entrechats, die im richtigsten Verhältnis zu der Schwere des dabei aufgewandten Materials auf die hohlen Bretter niederknallten.
Die Operette war der schwächste Teil der Darstellungen: bei Stengel hatte sich alle Kunst unterwärts nach den Beinen zu konzentriert, die obere Partie, Kopf, Hals und Stimmorgane waren leer ausgegangen; er sang, aber die Leute sagten: »Dat is ok dornah!«
Frau Stengel sang gar nicht, und so sollte es denn die Schwägerin allein tun, und zu einem so umfassenden Geschäfte reichte ihre kleine, feine Stimme nicht aus. Dazu kam noch, daß der alte Doktor Sparmann, der in Berlin Opern gehört haben wollte, den Ausspruch getan haben sollte, sie singe einen halben Ton zu hoch, was sich die Stavenhäger durchaus nicht gefallen lassen wollten und füglich auch nicht konnten; und so kam es denn, daß, im Gegensatz zu der heutigen Zeit, die Opernvorstellungen nicht besucht wurden, und daß das Theater leer war, wenn es hieß: »Hüt abend singen s' wedder.« – Die Oper mußte aus finanziellen Gründen eingestellt werden. Das Lustspiel und vor allem das Rührspiel behaupteten sich, und ich war ihr dankbarstes Publikum.

Nach langem, unter der Beihülfe von Onkel Herse und anderen Personen, welche die bildenden Eigenschaften des Theaters kannten, fortgesetzten Bemühungen von seiten Tante Christianens gab mein Vater die ihm abgedrungene Einwilligung zum Besuche des Theaters. Mein Vater hatte unrecht, als er nachgab, und recht, als er sich weigerte. Es gibt gar kein untrüglicheres Mittel, um unwahre Vorstellungen in der Seele eines Kindes zu erzeugen, als ein *schlechtes* Theater. Das Kind lacht über die faden Harlekinaden, über die man als eine Entwürdigung der menschlichen Natur weinen sollte, und es weint bei dem abgeschmackten Rührbrei, über den man als vollständigen Gegensatz gegen die Wirklichkeit lachen sollte wie über eine Travestie. Die dick aufgetragenen Farben der Darsteller fallen viel zu grell in das ungeübte Kinderauge und stumpfen den Sinn für Beobachtung und richtige Auffassung der milderen Farbentöne ab, wie sie die Wirklichkeit bietet; bei diesen stark gepfefferten Gerichten geht der Geschmack für geistige Genüsse ebenso sicher unter wie der physische durch Mixpickles; die gewöhnlichen Pfannkuchen des Lebens wollen dann nicht mehr schmecken. Aber der größte Verlust bei dieser dramatischen Sudelkocherei ist der Untergang des Sinnes für die Reinlichkeit; es ist ganz gleich, in welchem schmutzigen Geschirre das Gericht aufgetischt wird, wenn seine Schärfe nur die Tränen in die Augen treibt, sei es die einer falschen Sentimentalität oder die des erstickenden Gelächters. Sinnige Kinder versenken sich in diese falschen Vorstellungen und träumen sich zum Schaden ihres Gemütes in eine unruhige Welt hinein; lebhafte Kinder machen's den schlechten Schauspielern nach, und ihr Charakter kann zeitlebens einen Beigeschmack davon behalten, denn in der Kindheit ist der Assimilationsprozeß ein sehr energischer, und die äußern Eindrücke gehen rasch zu Fleisch und Blut.

Schon infolge der fast gewaltsamen Eindrücke, die der erste Theaterbesuch auf das Kind macht, sollten Eltern und Erzieher aufmerksam werden und sich wohl überlegen, in welchem Alter eine solche Erschütterung ihres Pfleglings gewagt werden kann; sie sollten mit Sorgfalt das Stück und, mit noch größerer, die Darstellung auswählen. Es ist das eine höchst ernste, ich möchte fast sagen, heilige Sache, und es ist wahrlich nicht gleichgültig, ob man in die künstlerische Auffassung des Menschenlebens an der Hand Kotzebuescher Frivolität oder an der Schillerscher Idealität geführt wird. Der erste Eindruck haftet wunderbar fest; ich habe dies an mir selbst erfahren. Es sind jetzt über vierzig Jahre her, als ich den »armen Poeten« als die erste Darstellung gesehen habe, und als dies Stück vor zwei Jahren hier gegeben wurde, stand mir noch alles so deutlich vor der Seele, daß ich im Notfalle hätte soufflieren können. Aber was machte dies – im ganzen so unschuldige – Stück für einen Eindruck auf mich! – Ich habe geweint, als wenn mir Vater und Mutter gestorben wären; Tante Christiane weinte neben mir, Onkel Herse hinter mir, und ab und an quoll durch seine Rührung der Ausruf durch: »En olles dämliches Stück!« Und als Stengel, als armer Poet, den Verlust der Gattin auf offnem Meere erzählte und

die Arme ausstreckte und der Verlorenen ein letztes Lebewohl nachrief, da weinte ganz Stavenhagen, erster und zweiter Platz (Kinder bezahlen die Hälfte), und bei mir wurde die Rührung so bedenklich, daß Tante Christiane sich in ihrer eigenen unterbrach und mir einen Rippenstoß versetzte: »Jung', lat doch dat Hulen sin, Du rohrst jo as en Roggenwulf.« – Aber wie spielte Stengel heut abend auch schön! Wie hungerte und wimmerte er in seiner armen Poeteneigenschaft auf den Brettern umher! Da habe ich den ersten richtigen Begriff von den Nöten und Kümmernissen eines Poeten eingesogen und bin dadurch von der dichterischen Laufbahn so abgeschreckt worden, daß ich erst dann ihren dornenvollen Pfad zu betreten mich entschloß, als ich alles mögliche versucht hatte: Klutentreten und Dungfahren, Schulmeisterieren und Kinderschlagen und zuletzt gar noch städtische Angelegenheiten.
Als Beschwichtigungsmittel und Dämpfer setzte Stengel der allgemein eingerissenen Rührung am heutigen Abende »Das Landhaus an der Heerstraße« auf. – Hätte er wohl etwas Schöneres wählen können? Für mich gewiß nicht. – Was habe ich über die gestörte Gemütlichkeit der Alten gelacht! Und wie machte Stengel das köstlich! Wie natürlich schimpfte er sich mit der Waschfrau herum! – Seine angeborene Grobheit, die er durch Übung in den Tanzstunden mehr ausgebildet hatte, kam ihm hier trefflich zustatten, und er überließ sich ihrem Zuge umsomehr, als er improvisieren mußte, weil er stets schlecht memorierte. Das Publikum lachte wie toll, und der zweite Platz, der zur Strafe für das nicht

vollständig gezahlte Entree stehen mußte, benutzte seine Stellung, um durch Trampeln mit den Beinen seine Freude auszudrücken, und zwar so, daß unten auf dem Flure der Kalk vom Boden fiel und Luth hinaufkam, um Ruhe zu gebieten. Aber Luth! – ach, was war Luth in diesem Augenblicke? Frau Stengel trat gerade als Tambour verkleidet auf – der Stavenhäger Bürger sagte damals, wenn er gebildet hochdeutsch sich ausdrücken wollte, »Tambauer« – und *sie* oder *er*, wie man will, trommelte gerade dem polternden Alten die Ohren voll; das war der Höhepunkt der Komik. – Und Luth! Was wollte Luth? Auch der tüchtigste Polizeidiener ist nicht imstande, die Ausbrüche der Heiterkeit einer Stadt zu arretieren – Luth lachte und trampelte mit.
Das war ein prächtiger Abend! Er hat lange in meinem Kopfe herumgespukt, und um dies besser zu können, warf er vor allem erst die Aufmerksamkeit in den Schulstunden aus demselben, und darauf folgte das bißchen Wissen nach. Die Eltern schoben diese Zerstreuung und den Mangel an Behaltungskraft – wie Küster Suhr sich ausdrücken würde – auf die gleichzeitigen Tanzstunden; aber die taten's nicht, der Tanz hat mich, wie schon oben gesagt, nie begeistert und ist mir auf seinem eigenen Felde, auf dem Tanzboden, nur verwirrend und hemmend entgegengetreten.
Es liegt nun sehr nahe, zu vermuten, daß in meiner Vaterstadt aus der von Kyburgschen Kunstschule und aus der Begeisterung für die Stengelschen Leistungen wenigstens ein Liebhabertheater hervorgegangen sei, zumal das allernotwendigste Requisit, ei-

ne vollendete erste Liebhaberin, in Cläre Saalfelds Person in unsern Mauern weilte; aber leider muß ich diese Vermutung abweisen, es geschah nicht; wahrscheinlich, weil die Zeiten nach dem Kriege zu ernst waren und der Erwerb zu schwach, um die Kosten einer stehenden Bühne zu bestreiten. Aber auch in späteren Zeiten, als die vorstehenden Gründe hinfällig geworden waren, hat sich nie ein Liebhabertheatergeschäft in Stavenhagen etablieren wollen, und das hat mich schon zuweilen in große Unruhe versetzt, ob Stavenhagen auch wirklich mit der Zeit fortschritte, und ob der Kunstsinn der Bewohner, der in meiner Jugend so lebhaft hervortrat, ganz in dem blühenden Produkten-Handel und in dem lebhaften Leinweber-Geschäft der »Gatz« untergegangen sei. Selbst wir Kinder spielten trotz des großen Eindrucks, den das Theater auf uns machen mußte, keine Komödie, keine armen Poeten und Landhäuser auf der Heerstraße; das große Drama, welches kurz vorher in Deutschland gespielt worden war und auch unser Städtchen mit auf den Schauplatz gezogen hatte, klang durch unsere kindlichen Spiele durch. Wir spielten: Napoleon auf der Insel Elba und die Schlacht bei Leipzig, in welcher indessen nur Russen und Franzosen auftraten. Wir waren nur echte Deutsche, wenn wir in unserer nationalen Bescheidenheit der eigenen Kämpfer nicht gedachten und in lebhafter Dankbarkeit für fremde Hülfe lieber Russen als Deutsche spielen wollten. Das Spiel war übrigens sehr einfach; aus den Stärksten, Gewandtesten und Aufgewecktesten wurden die Russen rekrutiert, unter die Franzosen wurden die

Es war damals eine wahre Manie für Gesundbrunnen in Mecklenburg ausgebrochen: Güstrow hatte einen, Parchim hatte einen, Goldberg hatte einen, in Lübz wurde nach einem schon gegraben und Crivitz hoffte auf einen, und wir Stavenhäger hatten nun auch schon einen! Wie ein Lauffeuer ging diese Nachricht durch die Stadt. Große Aufregung: »Vadder, hest all hürt? Deffgen sin oll Sot is en Gesundbrunnen.« – »Herr Je, wat ward hei denn för en riken Mann warden! – Kumm, willen ok mal hengahn!« – Und die Stavenhäger gingen zu Deffge, tranken von seinem Wasser und setzten einige Kümmel darauf, um den abscheulichen Geschmack zu vertreiben: Deffges Reichtum fing schon an
Alles hatte Vertrauen zu dem Wasser, denn es schmeckte gar zu abscheulich: es wurde getrunken, und es wurde darin gebadet. Der alte Ratsherr Susemihl, der von Jugend auf einen steifen Finger hatte, rief seinen Sohn: »Zacharias, lop mal räwer nah Deffgen un hal mi mal en Pott vull von sin Gesundbrunnenwater.« – »Ih, Vatting, wat hest du?« sagte seine Frau. – »Lat mi doch, ick kann ’t jo ok mal probieren«, sagte er und hielt seinen Finger eine ganze Stunde lang in den Topf mit Gesundheitswasser. Der alte stocktaube Steuereinnehmer Groth ließ sich alle Morgen sieben Tropfen von dem Wasser in seine Ohrlöcher tröpfeln, und die Mutter des Maurermeisters Wöllert mußte alle Morgen aus dem Graben in der Pferdekoppel einen Eimer Wasser holen, um dadurch dem vor langen Jahren gebrochenen und schief angeheilten Beine des Vaters die grade Richtung wiederzugeben.

Aber Deffge wurde kein reicher Mann: ein Umstand störte die glänzende Aussicht. Der Mann gab sich unglücklicherweise dazu her, als Empfehlung für Fremde und Eingeborene von seinem eigenen Gesundheitswasser zu trinken, und da er des schlechten Nachgeschmackes wegen stets ein paar Kümmel darauf setzen mußte, so überwog endlich der Schaden den Nutzen, er starb an seinem Gesundbrunnen. Nun hätte die Witwe das Gesundheitsgeschäft noch fortsetzen können; aber es hatte sich herausgestellt, daß die Goldberger Quelle 0,005 Prozent stärker sei, und das brach Stavenhagen den Hals. Dieses $^{5}/_{1000}$ Prozentchen hat die Stavenhäger Hoffnungen vernichtet; die Gichtbrüchigen kamen nicht mehr, und wenn jetzt ein Fremder nach den Gesundbrunnen fragt, schüttelt das nachgeborne Geschlecht den Kopf, als hätte er nach kalifornischen Goldgruben gefragt. Hofrat Kanzler aus Güstrow ließ meiner Vaterstadt seine Krücken und nahm dafür das Kliefothsche Kuhhorn mit in seine Heimat. Er hat einen guten Tausch gemacht. Von Güstrow aus verbreitete sich später das Kuhhorn, oder besser Alphorn, über ganz Mecklenburg. Alle Kuhhirten des Landes, mit Ausnahme des alten Kliefoth, klappten früher mit langen Peitschen ihre Kühe zusammen; und das hatte viel Unangenehmes für die Ohren; nicht allein für das Trommelfell, sondern auch zuweilen für die äußeren Ohren. Ich habe das einmal mit angesehen.
Der Friedländer Kuhhirte klappte grade in seinem Berufe an der Bäcker Heinrichschen Ecke, als ein Fremder, der die Tragweite der mecklenburgischen Kuhhirtenpeitsche noch nicht kennen mußte, unvor-

sichtig um die Ecke kam und den vollen Schwung der geteerten Peitschenschnur um beide Ohren empfing. Der Mann war wütend über den empfangenen Schlag, aber der Kuhhirte auch über die Störung in seinem Amte, denn die Peitsche hatte den Knall versagt; der Mann wollte auffahren, der Kuhhirte kam ihm aber zuvor und rief ihm wütend zu: »Entfamte Kirl, wat löppt Hei mi in minen Klapp!« – Da kam das Kliefothsche Kuhhorn und löste alle diese Dissonanzen in liebliche Melodien auf: eine wahre Idylle ist mit Kliefoth über Mecklenburg gekommen.

Kliefoth war oberster Hirte der fußschleppenden Rinder in meiner Vaterstadt. Er sorgte für die auserwählte Herde, während Hamann sich mit allerlei ungefügigen Starken, Stieren und Kälbern abquälen mußte. Kliefoths Herde war so zahm und gut geschult, daß er zuletzt Langeweile dabei empfinden mußte; diese Langeweile mußte ausgefüllt werden, denn er war ein denkender Kopf: er erfand also in seinen Mußestunden ein Blasinstrument, von welchem er damals gewiß nicht ahnen konnte, daß es mit seinen Tönen das Land erfüllen würde. Das Instrument war eigentlich schon lange vor ihm erfunden. Viele hatten schon vor ihm darauf geblasen – hatte er davon gehört? Ich weiß es nicht. So viel aber weiß ich: für Mecklenburg hat er es erfunden. Er schund einen jungen, grünen Baum, nahm seine Rinde, dichtete sie mit gewöhnlichem Schusterpech und sogenannten »Fitzelbändern«, setzte dem Ganzen ein Mundstück an, wie an einer Trompete, und fertig war eine Art Alphorn, mit welchem die Hirten

der Schweiz Grüße schicken an die geliebten Sennerinnen, sie zum »Fensterln« einzuladen, und sich einander wach rufen: »Habt acht! Habt acht! Das Raubtier fällt in unsere Herde!«
Kaum war das Instrument fertig, als auch Kliefoth es mit außerordentlicher Virtuosität zu spielen begann, denn er hatte viel musikalisches Talent, namentlich für Blasinstrumente; seine Hirtenjungen spitzten die Mäuler und pfiffen dazu. – Was war es mir für ein Festtag, wenn mein Vater seine täglichen Spaziergänge bis an den schönen Eichenwald ausdehnte, wo Kliefoth seine Rinder weidete. Da war alles so friedlich und so still, das wohlgenährte Vieh stöhnte ordentlich vor innerem Wohlbehagen und wiederkäuete das genossene Futter. Der alte Bursche, der mecklenburgische Jubal, saß patriarchalisch in seiner Mitte auf grünem Rasen, in seinem Schoße lagen Holzäpfel, denn Kliefoth lebte als Eremit, er verachtete die Güter dieser Welt, aber an seiner Seite stand ein wohlzugedeckter Henkeltopf.
»Kliefoth, blas' Er uns einmal was«, sagte mein Vater, der sonst nicht sehr für Musik war; und dann setzte der alte treue Hirte sein Trompeten-Mundstück an, und es erscholl laut wie Posaunenton: »Erwachet! Erwachet!« und das Vieh erhob sich aus dem fetten Grase, und dann erscholl es wie süßer Waldhornruf: »Kommt zu mir! Kommt zu mir!« und die sanften Kühe umstanden ihn mit ihren frommen, dummblickenden Augen, und in Jubeltönen ließ er dann sein Triumphlied ertönen: »Seht, so habe ich sie mir erzogen!« Und die Hirtenjungen pfiffen dazu mit den gespitzten Mäulern und schiel-

ten verlangend auf den wohl zugedeckten Henkeltopf.

Es war eine schöne Idylle; aber man soll den Tag nicht loben, ehe Abend ist, und wenn eine bis't, bissen sie alle. Auch das habe ich gesehen und erlebt; der Bis'wurm ging durch die Reihen der Herde, und eine Kuh erhob den Schwanz und drehte ihn wie einen Korkzieher in die Höhe, und fort ging sie in Rusch und Busch, und fort gingen sie alle nach allen Windstrichen; der alte Patriarch tutete und blies – vergebens! »Herr Burmeister, nu möten wi de Polizeideiners un de Panners upkriegen, min Tuten nützt nix mihr!« sagte er und warf sein Horn zur Erde. Aber das war ein vereinzelter Fall, der voraussichtlich so leicht nicht wieder vorkommen kann, und das Instrument war nicht daran schuld, sondern der Bis'wurm. Dieser Fall verhinderte die allgemeine Einführung des Kuhhorns auch keineswegs, und Kliefoth wurde vom Stavenhäger Magistrat ordentlich ausgepumpt, um den Hirten anderer Städte seine Melodien vorzuspielen.

Pythagoras, als er seinen berühmten Lehrsatz gefunden hatte, opferte im Gefühl der dankbaren Freude dem Jupiter 100 Ochsen, und Kant, wenn er diese Geschichte erzählte, pflegte hinzuzusetzen: »Und deshalb, meine Herren, zittern alle Ochsen, wenn eine neue Wahrheit gefunden wird.« Die Wahrheit läßt sie noch heute erzittern, aber das Kuhhorn beruhigt sie wieder und versammelt sie um sich, wenn sein melodischer Ton auf allen Gassen zur fetten Weide ruft. – Aber gut muß es gespielt werden, und das Instrument muß aus weichem Material, Ellern-

rinde, Schusterpech und Fitzelbändern zusammengesetzt sein.
Kliefoth's Nachfolger und musikalische Eleven haben diesen Umstand unberücksichtigt gelassen; zu faul, um ihre Kuhhörner selbst zuzurichten, lassen sie sich von Klempnern auf Gemeindekosten blecherne Hörner machen und blasen und tuten darauf. – Freilich, Blech oder Pech, es ist ganz egal, und die äußere Form ist auch beibehalten; aber die in Pech eingewickelte Urerfindung klang so sanft, so friedlich, und an diesem Pech kleben meine Jugenderinnerungen. Das Blech tönt mir zu hart und schneidend in die Ohren, und ich glaube bemerkt zu haben, daß selbst die frommblickenden, fußschleppenden Rinder bei seinen scharfen Trompetentönen scheu werden und nicht mehr so folgsam sind wie früher.
Patente auf Erfindungen werden in Mecklenburg nicht ausgegeben, »dat litt jo, dat litt jo de Ridderschaft nich!« Die luftdichten Ofentüren des Töpfermeisters in Strelitz und die Albansche Säemaschine haben ihren Lauf durch die ganze Welt bis in Amerikas Urwälder gemacht; die beiden Erfinder haben keinen Segen davon gehabt, ihre Erfindungen sind der Welt, nicht ihnen zum Nutzen geworden. Ebenso ging's dem alten Kliefoth, arm war er, arm blieb er, arm starb er. Er konnte nicht einmal für seine nächsten Angehörigen genügend Sorge tragen. Für Brüder und Schwäger brauchte er freilich nicht zu sorgen, denn die hatte er nicht; aber sein Sohn, der so schön pfiff, und eine unglückliche Tochter fielen nach seinem Tode der städtischen Armenkasse zur Last.

Zu dem Kliefothschen Alphorn gesellte sich nun etwas später die dritte Segnung, die von Stavenhagen über Mecklenburg kam, das bayrische Bier. Merkwürdig, daß es zwei der kleinsten Landstädtchen waren, die sich das erste Verdienst um die zweckmäßige und gesunde Löschung des Durstes im Vaterland erwarben; merkwürdig, daß es grade zwei Bürgermeister sein mußten, welche fast gleichzeitig die sittliche und nationalökonomische Bedeutung dieser Aufgabe zuerst erkennen mußten; man hätte vom Mittelalter her weit leichter auf ein Paar geistliche Herren schließen können. Aber nein! Bürgermeister Schlüter pflanzte Weinberge in Crivitz an, und mein Vater braute in Stavenhagen das erste bayrische Bier. Man hat mich versichert, daß das gekelterte Produkt der Crivitzer Berge den Durst ausgezeichnet löschen soll, vorzüglich wenn man es in der Gestalt von Weinessig, mit Wasser vermischt, trinkt, man müsse aber dann von der kräftigsten Gesundheit seines Magens überzeugt sein; ich selbst habe keine Erfahrung darin und mag in meinen alten Tagen meine Verdauungswerkzeuge nicht mehr auf eine so harte Probe stellen. Von den Eigenschaften des »Stemhäger Burmeister-Biers« habe ich mich mit »vielen anderen« seinerzeit hinlänglich überzeugt, und ich bin gewiß, daß »viele andere« mit mir ein sehr günstiges Urteil über dasselbe fällen werden. So waren sie denn eingezogen in mein teures Vaterland, diese beiden Genien der Menschheit,

»Der Herr vom Rhein im gold'nen Kleid,
Der Bier in braunen Jacken –«

der Herr vom Rhein an der Hand des Crivitzer, der Bier an der Hand des »Stemhäger« Bürgermeisters. Der Schützling des Crivitzers konnte das hiesige Klima nicht recht vertragen, er schnitt dazu allerlei saure Gesichter und kriegte endlich den Schnupfen, aus welchem sich zuletzt ein vollständiger Stockschnupfen ausbildete, so daß ihm von allen Seiten wohlmeinend geraten wurde, in seine wärmere Heimat zurückzukehren und sich lieber von dort aus mit Mecklenburg im Verkehr zu erhalten. Das Bier aber blieb und gedieh; allenthalben im Lande sieht man seine »braunen Jacken« und freuet sich darüber, wie von ihnen, wo sie sich nur zeigen mögen, die mit blauem Zwirn genähete Bettler-Garderobe des Fuselschnapses aus der Tür geworfen wird.

Das ist der Gewinn, welchen das Land meinem Vater verdankt, und wenn auch von gewissen Seiten her noch so viel über Bierkneipen und Bierwitze und Bierbänke und Bierbässe gepredigt und gespöttelt wird, ein segensreicher Fortschritt für das materielle Wohl des Landes bleibt die Einführung des bayrischen Biers immer, und für den, der den ersten Anstoß dazu gab, bleibt's ein Verdienst. Ja, wenn auch nur der tausendste Teil des Ausspruches »der Mensch ist, was er ißt« – ich setze hinzu »und trinkt« – wahr sein sollte, so erstreckt sich dies Verdienst auch auf die Beförderung des geistigen und sittlichen Fortschrittes, und will man mir die Unmittelbare Einwirkung abstreiten, so muß man mir doch die mittelbare zugeben.

Ich rede hier von meinem Vater, und zwar nicht als sein Kind, denn sonst müßte ich wärmer von ihm reden und müßte es nicht an diesem Orte, am Schlusse einer heitern, vielleicht etwas ausgelassenen Darstellung, sondern als mecklenburgisches Landeskind und »Stemhäger« Stadtkind, und in solcher Eigenschaft ist es unumgänglich nötig, der Schilderung meiner Vaterstadt eine Skizze seines Wirkens für dieselbe anzuhängen; denn er war fast 40 Jahre hindurch Triebfeder und Unruh in der Uhr des städtischen Lebens, und was mehr sagen will, er war auch ihr Pendel und Regulator.

Eine unermüdliche Arbeitskraft machte seine nie rastende Spekulation für scine nähere und weitere Umgebung fruchtbar; eine peinliche Ordnungsliebe in Lebensweise und Geschäftsführung hielt diesem Vorwärtsdrängen und Streben das glückliche Gleichgewicht. Was für das städtische Wohl gewonnen wurde, ward durch ihn gewonnen und erhalten, und zwar durch *ihn* allein und nach *seinem* Willen; denn daß sich bei ihm in dem langen Verlauf seines Wirkens und bei fast vollkommenem Mangel an anderer Einsicht und Hülfe ein starker Eigenwille ausprägen mußte, war nicht mehr als natürlich. – Er hat als Bürgermeister und Stadtrichter die Kriegsjahre, die dann folgenden Notjahre und die schlimmeren Armutsjahre der ersten Zwanziger durchgemacht, fast ohne Hülfe; selbst sein eigner Sekretär mußte er sein, und fand sein rastloser Eifer noch Zeit zu einer verhältnismäßig großen ökonomischen Tätigkeit; und wenn ich oben in scherzhafter Weise von den Segnungen gesprochen habe, die von Stavenhagen aus über das Land gekommen sind, so will ich hier in ernsthafter Weise von denen sprechen, welche die ökonomische Tätigkeit meines Vaters auf seine Umgebungen verbreitete. Als die furchtbar herabgedrückten Kornpreise nicht einmal die Erzeugungskosten deckten und der mecklenburgische Landmann fast dem Untergange nahe gebracht war, ging er mutig mit gutem Beispiel voran und führte fremde Kulturen ein. Außer dem Raps, der hier und da nur höchst sporadisch gebaut wurde, kannte man in Mecklenburg damals noch keines von den sogenannten Handelsgewächsen. Mein Vater war der erste, der sich in dem Bau derselben versuchte: die Gewürzpflanzen Kümmel, Koriander und Anis, die Färbepflanzen Krapp, Waid, Wau, die Futtergewächse Luzerne, Esparsette und die Runkel- und Steckrübe, dann auch die Weberkarde mußten der Reihe nach es sich gefallen lassen, mit dem mecklenburgischen Boden und Klima Bekanntschaft zu machen. Die lange Nomenklatur dieser Gewächse könnte auf die Vermutung führen, daß die Einführungsversuche auf ein unstetes Umhertappen im landwirtschaftlichen Gebiete hinaus gelaufen und die natürliche Folge demnächst ein leichtsinniges Aufgeben derselben gewesen sei; aber dem war nicht so. Man muß bedenken, daß diese verschiedenen Bestrebungen einen Zeitraum von über 30 Jahren füllen, daß in dieser Zeit die pekuniären und kommerziellen Verhältnisse sich gründlich änderten, daß allerlei unvorherzusehende Umstände eintraten, und man wird meinen Vater von dem Vorwurfe des zwecklosen Experimentierens frei sprechen müssen.

Mit der äußersten Zähigkeit, mit der sorgenvollsten Mühe hat er jedes dieser Gewächse angebaut, immer mit dem Hinblick auf seinen Anbau im großen, vieles, das meiste sogar, konnte sich nicht bewähren, anderes ging an der Ungunst der Verhältnisse zugrunde; die Rauheit des Klimas, die vorgeschriebene Fruchtfolge auf der Stavenhäger Feldmark, der Mangel an Absatz und vor allem das Steigen der Kornpreise traten teils hindernd, teils vernichtend entgegen, und diejenigen der intelligenteren Landleute, die in der Zeit der Not den Fußtapfen meines Vaters gefolgt waren, wandten sich den günstigen Weizenpreisen zu; und das mit Recht, denn diese Unternehmungen waren aus der allgemeinen Landesnot geboren, und nun saß der Scheffel Weizen, statt sonst mit 32 Schilling beim Dünnbier, mit drei Talern am Champagner-Tisch.

Was hat nun das alles genützt? – Viel, sehr viel! Ich sage nichts davon, daß in den Zeiten der Not mancher Landmann durch den Kümmelbau eine schöne Einnahme gehabt hat, nichts davon, daß der Runkelrübenbau seit dieser Zeit im ganzen Lande im großen ausgeführt wird, nichts davon, daß schon seit 25 Jahren die Möglichkeit und Zweckmäßigkeit der Stallfütterung für Rindvieh (in meines Vaters Wirtschaft 50–60 Haupt) dargetan ist – ich will bloß anführen, daß das Beispiel einer guten Ackerbestellung von den Bürgern meiner Vaterstadt nachgeahmt wurde, daß alle faulen und schwachen Kräfte der Stadt in der Wirtschaft meines Vaters Beschäftigung und Lebensunterhalt fanden, zuweilen bis zu dem täglichen Belauf von 120 Menschen, so daß in jenen gedrückten Zeiten in meiner Vaterstadt keine eigentliche Armut zu finden war.

Hiermit könnte ich nun schließen, aber nicht allein die Pietät, sondern auch die Gerechtigkeit verlangt, daß ich noch ein paar Worte über meinen Onkel Herse sage – man möchte sich sonst aus seinem Auftreten in diesem Buche sowie in den »Ollen Kamellen« eine falsche Vorstellung von ihm bilden, weil ich ihn meistens von seiner komischen Seite dargestellt habe. Die hatte er freilich, und ich glaube sie nicht verzeichnet zu haben, aber wenn ich meinen alten guten Onkel umkehre, was mir trotz seiner Korpulenz nicht schwer werden soll, weil so manche freundliche Jugenderinnerung mir dabei hilft, so zeigt er noch ein anderes Gepräge außer seinem breiten Puckeldas der Gemütlichkeit. Wenn man die Gemütlichkeit nach Ellen messen könnte, so würde aus dem Revers meines Onkels ein schönes Fazit herauskommen. Die Breite des Rückens und der dazu gehörigen Nebenpartien, diese Ruhe der Bewegung, wenn er sich bei einer gemütlichen Mitteilung mit der fleischigen Hand über das behagliche Gesicht strich, um dasselbe zu frischem Ausdruck zu beleben, diese Sicherheit, mit der er in seiner Stellung als Ratsherr die philiströsen *dehors* beiseite setzte und des Nachmittags in Korduan-Schuhen, gelben Nanking-Hosen und Hemdärmeln mit der langen brennenden Pfeife quer über den Markt zu seinem Gevatter Grischow ging, stehen mir noch lebhaft vor Augen; ich höre noch seine freundliche Stimme und sein fröhliches Gelächter, wenn er sich mit dem alten Ruland, der auch »mit gewesen« war, über Krieg und Kriegsgeschrei unterhielt und seine heitern Anekdoten in den Ernst mischte; ich sehe ihn noch, wie er im kühlen Schatten der Linden ein Glas »Schurr-Murr« zur Erquickung zu sich nahm, welches Gevatter Grischow aus sieben roten, grünen, blauen und gelben Flaschen zusammengegossen hatte.

Mit welcher Freundlichkeit behandelte er seinen Hühnerhund Rollo, wenn er seine breite Schnauze ihm auf den Schoß legte, mit welcher Humanität beruhigte er Tippo, seinen Dachshund, wenn er deshalb eifersüchtig aus verletztem Gefühle mit seinen schmutzigen Pfoten die Reinlichkeit der Nankinghosen in Frage zu stellen drohete! – Die Zutunlichkeit von Hunden und Kindern soll das beste Thermometer für die Wärme des Gemütes einer Person abgeben, und wenn in diesem Spruche Wahrheit liegt, so war mein Onkel Herse der gemütvollste Mensch von der Welt.

Was an den Nankinghosen von Rollo und Tippo verschont wurde, schmierten wir Kinder mit unsern Butterbröten ein, wenn wir seiner »Weisheit Kniee« umsaßen, denn er war unser voluminöses Konversations-Lexikon, welches wir beliebig aufschlugen und worin wir blätterten, wenn es uns einfiel. Onkel Herse wußte alles, konnte alles; tausend kleine praktische Handgriffe sahen wir seinen hübschen, fetten Händen ab, und immer heiter und unverdrossen lehrte er uns bald ein Gewehr laden und es abschießen, bald Klammern schneiden und Stöcke beizen, bald Blumen und Bäume pflanzen, Weinstöcke beschneiden und bald Mäuse und Ratten fangen. Er lehrte uns die schönsten Kinderspiele, machte uns die ersten Drachen und malte wunderschöne ab-

scheuliche Gesichter darauf, ließ sie selbst steigen und freuete sich ebenso wie wir, wenn seine Medusen-Gesichter auf die Stadt hinabblickten und die alten Weiber derselben mit Bewunderung und Schrecken erfüllten. Er führte uns in die Felder und wußte für jedes Unkraut einen hübschen lateinischen Namen, er führte uns in den Wald, wußte für jeden Waldgesang den richtigen Ton herauszufinden und legte den Tönen einen menschlichen Text unter. »Hürt Ji woll, Jungs«, sagte er, wenn er uns auf den Schnepfenzug mitnahm und der Krammetsvogel beim Sonnenuntergang lustig in den Ästen der Bäume umhersprang und sein abgebrochenes Liedlein lustig in den dunstigen Herbstabend hernieder sang, »sei raupen mi orntlich. – Hürt Ji woll: Ratsherr Hers' – kumm hier her – kumm hier her! – Scheit mi dot! – Ick bün hier – wo 's Grischow? – Wo 's Grischow? Scheit mi dot!« – Aber er tat es nicht, mein guter Onkel Herse; alles Blut, was er vergossen hat, mit Ausnahme von Sperlingsblut, wenn diese zudringlichen Gäste ihm die Kirschbäume verheerten, will ich zur Sühne dafür auf meine Seele nehmen, daß ich in den Schilderungen von ihm seine komische Seite herausgekehrt habe.
Sie haben ihn begraben, und mit jedem, den sie in Stavenhagen begraben haben, haben sie für mich ein Stück Poesie mit begraben. Alle meine Gedanken sind einmal von dieser engen Welt ausgefüllt worden. Alle Fibern meines Empfindens haben einmal dies kleine Heimwesen umsponnen und daran gesogen wie ein Kind an Mutterbrüsten, und das vergißt man nicht. Ist die Kindheit ein fröhliches, liebliches

Wellengewimmel, von Gottes Sonne vergoldet, so ist die Erinnerung daran der glänzende Streif, den das durch die Nacht fortarbeitende Schiff in seiner Fahrt zurückläßt: der Schiffer schaut vom Bord hinunter und sieht den Himmel und seine Sterne sich in dem glatten Wasser spiegeln und blickt weiter und weiter die durchmessene Bahn zurück, bis ihm in dunkeler Ferne die Gestade der Heimat verschwinden und sich mit Nebel und Wolken mischen.
Ich habe versucht, die alten heimischen Landmarken und Wahrzeichen noch einmal ins Auge zu fassen: sind's Wolken und Nebelgebilde, die mich getäuscht haben? – Ich glaube nicht; Wahrheit ist's; wenn auch nicht jene, wie sie das helle, nüchterne Tageslicht zeigt. Die heimatlichen Gestade, von denen ich Abschied nehme, sind nur vom Mond im letzten Viertel beleuchtet; aber die phantastischen Gebilde, die unter seinem Scheine emporwuchsen, sind dennoch Wahrheit, wenn auch nur für diejenigen, welche sie gleich mir vom fernen Schiffsbord aus erblicken.
Ich meine die Jugendfreunde und rufe ihnen rüstig zu: »Hurra! und nun weiter fort in die See!«

Zum Schluß

Eine kritische Liebe verband Reuter mit seiner Vaterstadt. Mehrmals besuchte er die hier lebende Halbschwester Sophie, pflanzte seinen Eltern zu Ehren einen Baum, die "Reuter-Eiche", beobachtete auch von fern das Leben der Stadt. Es blieb ihm nicht verborgen, daß der Nachfolger seines Vaters, der Bürgermeister Dolberg, weit weniger Energie besaß und Stavenhagens Entwicklung wie bisher vorwärts zu treiben nicht in der Lage war.
Als 1869 Bürgermeister von Bülow das Amt antrat, schrieb Reuter aus Eisenach am 22. 12. 1869 an ihn: "Mein sehr verehrter Herr und Freund, das glaube ich! Ich glaube, daß Sie vieles faul im Staate Stavenhagen gefunden haben, glaube auch, daß Sie vieles dort lernen können, aber wie der Arzt aus dem kranken Körper sich den gesunden abstrahiert und rekonstruiert – Sie werden gewiß Ihre liebe Not haben und werden dem Patienten nach einer langjährigen Palliativbehandlung gehörig mit Messer und Brenneisen zu Leibe gehen müssen, das liegt wohl auf der Hand, und doch würde es mir leid tun, wenn die Operation zu schmerzhaft ausfallen sollte, da ich mich nach so vielen Jahren noch immer als Stavenhäger Stadtkind betrachte und mit tausend Fäden der Erinnerung an dem kleinen, dürftigen Heimwesen geknüpft bin. – Darum bin ich denn auch gern erbötig, zu Ihrem guten Werke, der Stiftung einer Volksbibliothek, bereitwilligst die Hand zu bieten …"
Reuters Erzählung erschien zuerst teilweise unter dem Titel "Skizzen aus der alten Zeit" in dem von ihm in den Jahren 1855 und 1856 herausgegebenen "Unterhaltungsblatt für beide Mecklenburg und Vorpommern" der

Nummern 1 bis 8. Er hatte wohl einen weiterreichenden Zyklus geplant, denn erst nach der Einleitung – in dieser Buchausgabe die ersten vier Sätze – folgte der Untertitel "I. Meine Vaterstadt Stavenhagen". Zwar kündigte Reuter in Nummer 8 die Fortsetzung an, doch blieb sie aus. 1861 erschien im Band 6 der Reuterschen Werke, "Schurr-Murr", die vollendete Erzählung in leicht veränderter Form. 8 Auflagen erlebte das Werk allein bis zum Todesjahr Reuters 1874. Es ist ins Dänische, Schwedische, Niederländische und Norwegische übersetzt, unzählige Male zitiert, bearbeitet und verarbeitet worden und genießt – wer wollte es ihnen verdenken – unter den Stavenhagenern ganz besondere Wertschätzung.

Bereits 1873 wurde in das Mauerwerk des Rathauses, in dem Fritz Reuter geboren wurde, eine Gedenktafel eingelassen. Das Geburtszimmer wurde im Jahr 1910 "Reuter-Stube", und am 12. Juli 1911 endlich wurde das große Denkmal vor dem Haus enthüllt.

Die Reuter-Verehrung indes trieb in ganz Deutschland zuweilen bunte Blüten. Daß ein Mix aus Makrelen und Gemüse einer Rostocker Firma unbedingt "Unkel Bräsig" heißen mußte, man in Hamburg einen "Fritz Reuter Tabak" kreierte und die Firma Tengelmann eine Schokolade "Hanne Nüte" ("von besonderer Güte") verkaufte, sind bizarre Gebilde des Reuter-Kultes vergangener Zeit; auch ohne Geschmacksentgleisungen "reutert" es in Stavenhagen überall. 1960 verzichtete der Rat der Stadt auf sein repräsentatives Domizil am Markt 1, um einem Museum Platz zu machen, dem Fritz-Reuter-Literaturmuseum, in dem neben vielen anderen wertvollen Sachzeugen auch die Handschrift von "Meine

Vaterstadt Stavenhagen" bewahrt wird. Es gibt einen Reuterplatz, die Reuterstraße, eine Fritz-Reuter-Grundschule, die Reuter-Apotheke und – seit kurzem auch die jährlichen Reuterfestspiele, initiiert durch das Fritz-Reuter-Literaturmuseum, als Beitrag zur Pflege der niederdeutschen Sprache.
An dieser Stadt hätte Fritz Reuter heute seine Freude, die überdurchschnittlich gute wirtschaftliche Entwicklung ist ihr anzusehen und gibt ihr die Möglichkeit, das für eine Stadt von nicht 10000 Einwohnern gewaltige Unterfangen der Sanierung des Schlosses zu beginnen, ohne bei anderen Aufgaben gravierende Einsparungen in Kauf nehmen zu müssen. In einigen Jahren werden wir einen weiteren vorzeigbaren Schauplatz der Reuterschen Literatur haben. Stavenhagen ehrt den Dichter und nützt sich. Vielleicht ist dies das schönste Denkmal, das eine Stadt ihrem berühmten Sohn setzen kann.

Cornelia Nenz